Treu & Glauben

Diese enthüllende Geschichte aus den Führungsetagen bekannter Firmen, die in einen spektakulären Konkurs verwickelt waren, führt uns das Agieren ehrenwerter Persönlichkeiten unseres Wirtschaftslebens recht drastisch vor Augen. Haupt- und Nebendarsteller des Skandals sind ein Großindustrieller, Vorstandsmitglieder angesehener Großunternehmen, darunter einer unserer größten Versicherungskonzerne, Rechtsanwälte, Wirtschaftsprüfer, ein geschäftstüchtiger Konkursverwalter, unabhängige Richter und Staatsanwälte, die mit ihrer Arbeit noch nicht fertig sind, und eine Frau, der die Augen aufgegangen sind über die Praktiken im allgemeinen und die Geringschätzung von Frauen im besonderen. Es geht um Kapitalanlagebetrug im großen Stil, um den großzügigen Umgang der Akteure mit dem Geld anderer, mit der Wahrheit und dem Vertrauen derer, mit denen sie Geschäfte machen.

Bettina Raddatz (geb. 1951) studierte Wirtschaftswissenschaft in Münster und Bonn. 1974 legte sie ihr Examen als Dipl.-Volkswirtin ab. Danach war sie drei Jahre freiberuflich u.a. in einer Steuerberatungspraxis tätig und arbeitete dann acht Jahre im niedersächsischen Wirtschaftsministerium als Fachreferentin. Vor ihrem Eintritt in den Vorstand der Gundlach & Sülter AG 1989 war sie als Referatsleiterin in der Niedersächsischen Staatskanzlei unter dem damaligen Ministerpräsidenten Ernst Albrecht vor allem für die Kontaktpflege zur Wirtschaft zuständig.

Bettina Raddatz

Treu & Glauben

Hinter den Kulissen eines Wirtschaftsskandals
Eine Managerin packt aus

Campus Verlag
Frankfurt/New York

Die Deutsche Bibliothek – CIP-Einheitsaufnahme

Raddatz, Bettina :
Treu & Glauben : Hinter den Kulissen eines Wirtschaftsskandals; eine Managerin packt aus / Bettina Raddatz . – Frankfurt/Main; New York : Campus Verlag 1991
ISBN 3-593-34585-4
NE: Raddatz, Bettina : Treu und Glauben

Umschlaggestaltung: Atelier Warminski, Büdingen
Satz: Fotosatz Leingärtner, Nabburg/Neusath
Druck und Bindung: Druckhaus Beltz, Hemsbach
Printed in Germany

Inhalt

Vorwort

Niemand läßt sich gerne hereinlegen, und schon gar nicht gibt er es gerne zu; denn Schadenfreude und hämische Bemerkungen sind ihm sicher. Mir geht es da nicht anders als den meisten Menschen. Daß ich trotzdem genau darüber schreibe, ist einfach zu erklären. Die Geschichte, die ich erzähle, endete für mich mit einem jähen Absturz in ein berufliches und gesellschaftliches Vakuum. Ich habe nach langen Monaten, die mit herben Erkenntnissen verbunden waren, meine Erfahrungen einigermaßen verarbeitet und nicht nur gelernt, mich mit den Folgen des »Hereingelegtwordenseins« zu arrangieren, sondern aus meinen dabei gewonnenen Einsichten das Beste zu machen. Das Image der »Versagerin«, das mir nach diesem Fall nun einmal anhaftet, kann einen nur so lange lähmen, wie man die in diesen Kreisen geltenden Wertvorstellungen, Verhaltensmaßstäbe und Erfolgskriterien nicht zu relativieren beginnt. Was mir zunächst nur wie ein Verlust vorkam, entpuppt sich dabei in gewisser Weise auch als ein Gewinn: Die, wenn auch zunächst nicht gewollte, Distanzierung von einer bislang vertrauten Welt öffnet einem die Augen nicht nur für deren Schattenseiten, sondern auch für andere Möglichkeiten eines »erfolgreichen« Lebens.

Ein Ergebnis dieses Prozesses ist dieses Buch, in dem ich über meine Erlebnisse als Vorstand in einem hannoverschen Unternehmen schreibe, das wenige Monate nach meinem Eintritt in Konkurs ging. Bei dem vermeintlichen Medien- und Verkabelungsunternehmen handelte es sich in Wirklichkeit um ein nach dem Abschreibungsmodell organisiertes Unternehmen, das seine Einnahmen im wesentlichen aus zuvor auf dem freien Kapitalanlagemarkt eingesammelten Geldern bezog. Mein Bericht liefert Anschauungsmaterial über ein geschickt konstruiertes Finanzmanöver, bei dem drei Jahre nach der Unternehmensgründung 900 Anleger einen Vermögensschaden von über 40 Millionen Mark beklagen. Bei meinem Blick hinter die Kulissen wird deutlich, daß klangvolle Namen und erste Adressen der Wirtschafts- und Bankenwelt keine Garanten für Seriösität und Sicherheit von Finanzanlagen sind.

Doch meine Erfahrungen sind lehrreich nicht nur für Anleger und alle, die beruflich mit dem Kapitalanlagemarkt zu tun haben, ob nun als Anlage-, Vermögens- und Rechtsberater oder auch Verfolger von Wirtschaftsdelikten, sondern allgemein für jeden, der sich für wirtschaftliche Zusammenhänge interessiert. Meine Erlebnisse machen aber auch deutlich, daß Frauen in den von mir beschriebenen Kreisen nach wie vor einen besonders schweren Stand haben. Und wenn sie gar wie ich gegen die dort herrschenden Spielregeln angehen, sich nicht auf unseriöse Praktiken einlassen, werden sie sehr schnell nicht für voll genommen. Insbesondere Frauen werden deshalb die von mir geschilderten Vorgänge mit Interesse lesen. Meine Erlebnisse mögen sie nicht entmutigen, sondern ihnen eine Ahnung davon geben, womit sie auch umzugehen lernen müssen. Schön wäre es, wenn auch der eine oder andere Manager nach der Lektüre dieses Buches seinen eigenen Führungsstil und seine persönlichen Verhaltensmuster überdenken würde.

Wenn mein Buch außerdem dazu beiträgt, die Bereitschaft von Politik und Justiz zu erhöhen, gutbetuchte, großkalibrige Wirtschaftstäter mit gleicher Elle zu messen wie finanzschwache Kleinsttäter, dann wäre eine Menge erreicht.

Teil I
Die Gründer- und Profitjahre
September 1986-1989

1. Die Gründung eines Unternehmens

Die Gundlach & Sülter AG ist derzeit die einzige Gesellschaft, die Eigenkapital für Verkabelungsvorhaben in der Bundesrepublik Deutschland auf dem freien Kapitalmarkt beschafft.

Aus einem Geschäftsbericht der Gundlach & Sülter AG

Im Frühjahr 1986 gründeten Burckhard Gundlach, Klaus Sülter, Enno Poets und Dr. Manfred Bernau ein neues Unternehmen, die Gundlach & Sülter Aktiengesellschaft NEUE MEDIEN, mit Sitz in Hannover. Gundlach und Sülter hatten die von ihnen selbst als »genial« bezeichnete Idee, Kapital für Verkabelungsvorhaben im Bundesgebiet im großen Stil auf dem freien Kapitalanlagemarkt zu beschaffen. Diese Idee war in Wirklichkeit keineswegs so neu. Bereits Mitte der siebziger Jahre hatte nämlich die TV Kabelfernsehverlegungs-GmbH & Co. KG aus Hamburg Kapital bei privaten Anlegern für Verkabelungsprojekte gesammelt.

Bereits in einer Beratungsgemeinschaft hatten Gundlach und Sülter Städteverkabelungen mit Hilfe des privaten Anlagemarktes finanziert. Die Beratungsgemeinschaft Gundlach und Sülter hatte in den Jahren 1985 und 1986 über 20 Millionen Mark auf dem freien Kapitalmarkt für die Finanzierung der Verkabelung der Städte Braunschweig und Wolfsburg beschafft. Dabei hatten beide nicht schlecht verdient. So war es für sie nach eigenem Bekunden nur eine logische Konsequenz, im großen Stil weiterzumachen und weitere Projekte dieser Art in Angriff zu nehmen.

Die Überlegungen der Firmengründer trafen sich mit den politischen Absichten des Bundespostministers Dr. Christian Schwarz-Schilling, der zu Beginn der achtziger Jahre das Postmonopol liberalisiert und Verkabelungsaktivitäten weitgehend privatisiert hatte. Das Bundespostministerium gründete eigens eine Gesellschaft, die TKS Telepost Kabel-Servicegesellschaft GmbH mit Sitz in Bonn, zur Förderung der bis dahin eher schleppenden Vermarktung von Kabelanschlüssen. An diesem Serviceunternehmen der Deutschen Bundespost beteiligten sich die DG-Bank, die DETECON (wiederum eine Tochterfirma der Bundespost) und der Zentralverband der Deutschen Elektrohandwerke (ZVEH). Die TKS bekam den Auftrag, überall im Bundesgebiet regionale Kabelservicegesellschaften zu gründen, um so den Verkauf von Kabelanschlüssen zu beschleunigen. Um das dafür notwendige Kapital aufzubringen, waren private Kapitalanleger nur allzu willkommen. Das Konzept von Gundlach und Sülter wurde daher politisch durchaus begrüßt.

Gründungsaktionäre der Gundlach & Sülter AG waren mit je 30 Prozent die Herren Gundlach und Sülter, mit 25 Prozent Dr. Manfred Bernau, mit 10 Prozent die LAUTEX Verwaltungsgesellschaft mbH und mit 5 Prozent Enno Poets. Als Gesellschaftszweck der neu gegründeten Aktiengesellschaft wurde am 25. September 1986 in das Handelsregister beim Amtsgericht Hannover das »Planen, Finanzieren, Vermarkten und Verwalten von Investitionen im Bereich Neue Medien, insbesondere von Verkabelungsprojekten« eingetragen.

Sowohl Gundlach als auch Sülter hatten einschlägige Erfahrungen auf dem freien Kapitalanlagemarkt. Ende der sechziger Jahre waren sie Mitarbeiter der zu zweifelhafter Popularität gelangten Investmentgesellschaft IOS, Abkürzung für Investment Overseas Services, die der legendäre Bernie Cornfeld im Jahre 1956 gegründet hatte. Fast 300 000 Anleger aus dem Bundesgebiet investierten dort ihr Geld, das sie nach dem Zusammenbruch der IOS zum größten Teil verloren. Nach erfolgreichen Lehrjahren bei Bernie Cornfeld waren beide Herren einige Jahre in der Bauherrenbranche tätig, einer in den siebziger Jahren besonders populären Spielart der Abschreibungsbranche. Die Bauherrenmodelle waren bis zu Beginn der achtziger Jahre ein Schwerpunkt sogenannter »Finanzdienstleister«, die ihren zumeist zahlungskräftigen Kunden neben Steuervorteilen auch noch Eigentumszuwachs versprachen. Nachdem das Interesse an den Bauherrenmodellen auch infolge negativer Berichte Anfang der achtziger Jahre immer mehr nachließ, beschlossen Gundlach und Sülter, Konzept und die Grundidee der Abschreibungsgesellschaften auf den Verkabelungsmarkt zu übertragen. In der Öffentlichkeit und Presse ließen sie jedoch den Eindruck entstehen, daß ihr Konzept mit einem Abschreibungsmodell nichts zu tun habe.

Dazu muß man wissen, daß Abschreibungsgesellschaften im allgemeinen Publikumsgesellschaften in Form der GmbH & Co. KG sind. Ihr Name kommt ursprünglich daher, daß sie Verluste durch steuerliche Abschreibungen produzieren. Für die »Kapitalsammlung« selbst werden häufig überhöhte Gebühren verlangt, welche wiederum die Verluste künstlich hochtreiben. Für Kapitalanleger erweisen sie sich vor allem deshalb als attraktiv, weil die anfallenden Verluste mit anderen positiven Einkünften verrechnet werden können. Aus den Verlusten resultieren also zunächst Steuerersparnisse, die durch hohe Aufwendungen in der Anfangsphase hervorgerufen werden. Diese Aufwendungen kommen in Form von Gebühren (z.B. Beratungs-, Verwaltungs- und Vertriebskosten) zu einem Großteil meist den Initiatoren der Gesellschaft und den Anlageberatern zugute.

Abschreibungsgesellschaften bestehen meistens aus einer Vielzahl von Kommanditisten (die Kapitalanleger), die die Geschäftsführung weder kontrollieren noch beeinflussen können. Ihre einzige Aufgabe besteht in der Aufbringung des Kapitals. Typisch für Abschreibungsgesellschaften ist auch, daß die Kapitalanleger öffentlich über Prospekte, Anzeigen und mit Hilfe von Anlageberatern angeworben werden. Ein weiteres Merkmal ist, daß die »Herrschaftsmacht« den Gründern beziehungsweise Initiatoren zusteht, die zumeist die Anteile an der persönlich haftenden Gesellschafterin, der Komplementär-GmbH, halten.

Seit Mitte der siebziger Jahre ist die Tätigkeit von Abschreibungsgesellschaften erheblich eingeengt worden. Dem Gesetzgeber war es ein Dorn im Auge, daß diese Gesellschaften häufig mißbraucht wurden: von den Anlegern, um sich der Steuerpflicht zu entziehen, von den Initiatoren, um durch künstliches Hochschaukeln von Verlusten (Aufwendungen) schnell an »das leicht verdiente Geld« zu kommen. Mit Beginn der achtziger Jahre werden deshalb Verlustzuweisungen steuerlich nur noch anerkannt, wenn eine Gewinnerzielungsabsicht nachgewiesen wird. Zunehmend trat daher für die Anleger die Renditeerwartung in den Vordergrund.

Die Gundlach & Sülter AG selbst ließ die für Abschreibungsgesellschaften typischen Merkmale auf den ersten Blick nicht erkennen, um so deutlicher aber dafür das von den Firmengründern geschaffene Gesamtsystem, bestehend aus der Aktiengesellschaft und drei von ihr initiierten Medienfondsgesellschaften. Fondsgesellschaften als eine Anlageform sind in Westdeutschland in den sechziger Jahren entstanden, um auch kleineren Anlegern Kapitalbeteiligungen an Projekten zu ermöglichen, an denen sich ein einzelner normalerweise nicht beteiligen kann. Neben breit angelegten Investmentsfonds für Festverzinsliche und Aktien gibt es Spezialfonds. Die kurz nach Gründung der AG errichteten Fondsgesellschaften, die NEUE MEDIEN FONDS 1–3, sind solche Spezialfonds. Sie wurden exakt nach dem für Abschreibungsfirmen üblichen Schema in Form von Publikumsgesellschaften als GmbH & Co. KGs betrieben.

Die Anleger wurden Kommanditisten der Fonds und dadurch steuerlich in Höhe ihres Kapitalanteils Mitunternehmer, d.h. sie wurden entsprechend ihrer Beteiligung an den Verlusten und Gewinnen der Fonds beteiligt. Sie hatten aber, auch dies ist typisch für Abschreibungsgesellschaften, keine Einflußmöglichkeiten auf die Geschäftsführung der Fondsgesellschaften. Ihre Kontrollrechte als Kommanditisten übertrugen sie auf einen Aufsichtsrat. Den Anlegern wurden steuerliche Verlustzuweisungen, hohe Renditen und eine Beteiligung an »hochrentablen Investitionen« im Bereich der neuen Medien (Vermögenszuwachs) versprochen. Die Fondsbeteiligungen wurden mit Hilfe von Prospekten und – auch dies wiederum ein typisches Merkmal – über Anlageberater verkauft. Dabei bedienten sich die Gundlach & Sülter-Verantwortlichen freiberuflicher Anlageberater, die teilweise schon über langjährige Kontakte zu gut betuchten Kunden verfügten. Sie wurden entsprechend gut dotiert und durch leistungsbezogene Provisionen besonders motiviert.

Maßgeblicher Mitinitiator der neu geschaffenen Unternehmensstruktur war neben Gundlach und Sülter Dr. Manfred Bernau, Vorstandsvorsitzender der Berliner Elektro Holding AG, die wiederum an rund 30 mittelständischen Firmen beteiligt ist. So ist sie z.B. Mehrheitsaktionär der Signalbau Huber AG in München, dem zweitgrößten deutschen Hersteller von Signalanlagen. Bernau und seine Familie besitzen fast hundert Prozent der Stammaktien der Berliner Elektro.

Auch der Wirtschaftsprüfer Dr. Bernau verfügt über einschlägige Erfahrungen in der Abschreibungsbranche, so als Treuhänder und Geschäftsführer des Internationalen Energie Fonds OHIO-I.E.F. –, einer Kapitalanlagegesellschaft, die sich mit der Finanzierung und Verwaltung von Öl- und Gasbohrungen in den USA befaßt. Die Kommanditisten dieses Fonds machten allerdings wenig gute Erfahrungen mit Bernau. Sie sahen sich gezwungen, eine Notgemeinschaft gegen ihn, den Treuhänder und zeitweiligen Geschäftsführer, zu gründen und warfen ihm vor, er wolle sich den Fonds weit unter seinem eigentlichen Wert »unter den Nagel reißen«. Dabei soll Bernau nach Feststellungen der Notgemeinschaft der Anleger sogar so weit gegangen sein, daß er heimlich nach Amerika fuhr, um dort die Öl- und Gasproduktion in der Absicht einzustellen, die Fondsgesellschaften auf diese Weise finanziell auszuhungern und eine Übernahme unter Preis zu erreichen.

Einschlägige Erfahrungen in der Abschreibungsbranche hatte auch das Gründungsmitglied Enno Poets, früher Leiter der Commerzbank Leer. Bei der LAUTEX handelt es sich um eine Briefkastenfirma mit Sitz in Hannover (Adresse: Rechtsanwälte Dr. Böx). Es waren aber vor allem die aufgrund seiner weitläufigen Geschäftsverbindungen hervorragenden Kontakte, u.a. zu einer der größten deutschen Versicherungen und einer namhaften Bank, durch die Bernau die Gründung der neuen Unternehmensgruppe ganz entscheidend fördern konnte. So ist Bernaus Berliner Elektro AG Gesellschafter mehrerer Unternehmen, an denen auch die HANNOVER Finanz GmbH, eine Tochter des bekannten Haftpflichtverbandes der Deutschen Industrie Versicherungsverein auf Gegenseitigkeit (HDI), beteiligt ist. Nicht nur bei der bereits genannten Signalbau Huber AG, auch bei der Hübner Elektromaschinen AG und der GEVA Datentechnik sind beide Gesellschafter. Die HANNOVER Finanz wiederum verfügt aufgrund etlicher gemeinsamer Unternehmensbeteiligungen über beste Verbindungen zur Berliner Bank, die später ebenfalls bei der Gundlach & Sülter AG einstieg. So war es nicht weiter erstaunlich, daß Dr. Bernau die

Hannover Finanz GmbH für eine Beteiligung an dem neu gegründeten Unternehmen gewinnen konnte.

Die Hannover Finanz betreibt Finanzierungsgeschäfte für die HDI-Gruppe. Sie erwirbt und verwaltet Industriebeteiligungen. Mit derzeit rund 330 Millionen Mark ist sie an etwa 50 mittelständischen Unternehmen beteiligt, teilweise unmittelbar, teilweise über die Commerz Unternehmensbeteiligungs AG, die sich wiederum zur Hälfte im Besitz der Commerzbank befindet.

Noch im September 1986 erhöhte die Familie Dr. Bernau ihren Anteil am Aktienkapital der Gundlach & Sülter AG von bisher 15 auf 26 Prozent. Die Hannover Finanz GmbH beteiligte sich in gleicher Höhe, hatte also zusammen mit Bernau die Mehrheit des neu gegründeten Unternehmens.

Dr. Bernau war bereits Mitglied des Beirates der Beratergemeinschaft Gundlach und Sülter und wurde jetzt Aufsichtsratsvorsitzender der Gundlach & Sülter AG. Die Hannover Finanz ließ sich durch Hans Peter Schandelmaier als stellvertretenden Aufsichtsratsvorsitzenden vertreten. Fortan konnten Bernau als Aufsichtsratsvorsitzender und Schandelmaier als sein Vertreter maßgeblich auf die Geschicke der AG Einfluß nehmen. Gleichzeitig ließen sich beide in den Aufsichtsrat der drei Medienfondsgesellschaften wählen und hatten damit Einwirkungsmöglichkeiten auf die Verwendung der Anlegergelder.

Was bewog Dr. Bernau und die Hannover Finanz, die sich zu den ersten Adressen der deutschen Wirtschaft zählen, sich mit ehemaligen IOS-Mitarbeitern in einer Firma zusammenzutun? Bernau selbst beantwortete diese Frage in einem Interview im »Industriemagazin« vom Januar 1988. Ihn hätten – so erklärte er – ganz einfach die hohen Renditeaussichten bewogen, sich bei der Gundlach & Sülter AG zu engagieren. Dabei spielten für Bernau allerdings nicht die Renditen auf die Kapitalbeteiligungen der Anleger eine Rolle, sondern vielmehr die Gewinnausschüttungen (Dividenden) an die Aktionäre der AG. Hohe Gewinnerwartungen auf ihre Beteiligungen am Aktienkapital dürften auch der Grund für die Hannover Finanz GmbH gewesen sein, sich mit IOS-Schülern in ein Boot zu setzen. Dennoch war dieser Entschluß für eine Kapitalbeteiligungsgesellschaft des viertgrößten deutschen Versicherungsunternehmens recht ungewöhnlich und wohl nur mit den bisherigen Geschäftsbeziehungen mit Dr. Bernau erklärbar.

Bernau und die Hannover Finanz beabsichtigten, die neu gegründete Firma kurzfristig an die Börse zu bringen und durch Ausgabe von Vorzugsaktien den Wert des eigenen Aktienkapitals in kürzester Zeit zu vervielfachen. Mit dieser Methode hatten beide bereits beachtliche Erfolge erzielt. So konnte Bernau nach Feststellungen des Wirtschaftsmagazins »Impulse« vom Januar 1990 den Wert seines an der Berliner Elektro AG gehaltenen Aktienpaketes von 3 Millionen Mark in 1984 auf 80 Millionen Mark im Jahr 1990 durch Gang an die Börse und die Ausgabe von Vorzugsaktien erhöhen.

Bernau und die Hannover Finanz verband jedoch nicht nur der Wunsch nach schnellen, hohen Gewinnen. Beide bezeichnen sich mit Vorliebe als »Verbündete des Mittelstandes« und als »Wagnisfinanziers«. Ähnlich wie Bernau, der sich als »Vater des Holdinggedanken für kleinere und mittlere Unternehmen« sieht, wirbt auch die Hannover Finanz damit, kleinere und mittlere Unternehmen durch Kapitalbeteiligung bei deren Expansion zu unterstützen und dabei den Erhalt der Selbständigkeit zu garantieren. Sie legt nach eigenem Bekunden besonderen Wert darauf, daß ihre Beteiligungen als langfristig und auf Dauer ausgerichtet angesehen werden. Damit wirbt sie nicht nur in ihrer Firmenbroschüre, sondern vornehmlich auch auf ihren Pressekonferenzen.

Auf der ersten Sitzung des Aufsichtsrates der Gundlach & Sülter AG im Herbst 1986 konnte der frisch bestellte Aufsichtsratsvorsitzende Dr. Bernau mit Schandelmaier nicht nur einen langjährigen Geschäftspartner begrüßen, sondern darüber hinaus den damaligen Geschäftsführer des angesehenen niedersächsischen Unternehmens Fuba communication, Manfred Haenel. Haenel, der kurz zuvor für sein Engagement auf dem privaten Verkabelungsmarkt das Bundesverdienstkreuz erhalten hatte, ging es weniger um Gewinne durch eine spätere Börseneinführung. Er war vor allem an lukrativen Aufträgen für sein auf Satelliten- und Kabeltechnologie spezialisiertes Unternehmen interessiert. Deshalb saß er auch in anderen Kabelfirmen im Aufsichtsrat.

Die Besetzung ihrer Aufsichtsratsgremien mit hochkarätigen

Persönlichkeiten der Wirtschaft erwies sich als eine besonders glückliche Konstellation für die IOS-Schüler Gundlach und Sülter. Sie konnten auf diese Weise mit ersten Adressen der deutschen Wirtschaft werben. Da kurz nach der Gründung die der HANNOVER Finanz eng verbundene Berliner Bank Kapitalbeteiligungsgesellschaft mbH (BBK) als weiterer Aktionär für die neue Firma gewonnen wurde, zählte die Gundlach & Sülter AG zu ihren Aktionären neben dem Vorstandsvorsitzenden der Berliner Elektro AG die Kapitalbeteiligungsgesellschaften eines der größten deutschen Versicherungsunternehmen und einer namhaften Bank. Für die Anleger waren dies zweifelsohne solide und vertrauenserweckende Namen. Gerade auf dem immer wieder durch Skandale erschütterten freien Kapitalanlagemarkt ist Vertrauensbildung von ausschlaggebender Bedeutung. In der Tat verstand es das Management der Gundlach & Sülter AG vortrefflich, mit den klangvollen Namen ihrer Aufsichtsräte und Aktionäre bei interessierten Anlegern Sicherheit, Seriösität und Vertrauen zu suggerieren. Bemerkenswert ist dabei, daß die Gundlach & Sülter-Verantwortlichen mit ähnlichen Methoden vorgingen wie vor ihnen bereits Bernie Cornfeld.

Bernie Cornfeld hatte mit dem Slogan »Reichtum für jedermann«, dem Einsatz eines gut organisierten Vertriebsapparates und professioneller Werbung mehrere hunderttausend Anleger geworben. Mit Hilfe hochkarätiger Beiräte, wie dem früheren FDP-Politiker Erich Mende, hatte er das Image seiner IOS erfolgreich aufpoliert. Außerdem verkörperte Cornfeld den typischen Aufsteiger und Erfolgsmenschen. Er umgab sich mit Luxus, zeigte sich aber gleichzeitig vom Wunsch beseelt, auch anderen Menschen zu Wohlstand zu verhelfen. Ein besonders gelungenes Beispiel für sein ausgeprägtes Gespür in PR-Fragen sind die von ihm geschaffenen 10 Gebote des IOS-Kodex, mit denen sich Bernie Cornfeld als Verfechter von noblen Zielen und ethischen Werten darstellte.

Auch die Firmengründer Gundlach und Sülter lebten auf großem Fuß. So fuhren Burckhard Gundlach einen Porsche 928 und seine Ehefrau Alida einen Jaguar – beides auf Firmenkosten. Geschickt nutzten sie ihren aufwendigen Lebensstil, um sich ein Image als erfolgreiche Unternehmer aufzubauen. Auch sie beriefen in den Beirat der Medienfonds renommierte Persönlichkeiten, wie z.B. den Wirtschaftswissenschaftler Prof. Dr. Carl-Christian von Weizsäcker, der allerdings bereits im Herbst 1988 sein Beiratsmandat wieder niederlegte. Dies wurde jedoch nicht an die große Glocke gehängt, blieb also etlichen Anlegern verborgen.

Besonderes Geschick legte man aber bei der Gestaltung der Prospekte der Gundlach & Sülter AG an den Tag. Hier wurde an nichts gespart. Die in den Anlegerprospekten versprochenen steuerlichen Verlustzuweisungen und hohen Renditen wären dennoch wohl bei manch einem investitionswilligen Anleger trotz Hochglanzpapier, aufwendiger Schaubilder und bunt bebilderter Graphiken auf Skepsis gestoßen, wenn nicht durch geschicktes Herausstellen bekannter Unternehmen und Personen der Wirtschaft ein besonderes Vertrauensklima geschaffen worden wäre.

Als Herausgeberin der Prospekte für die Medienfondsgesellschaften 1-3 traten nicht die Fondsgesellschaften selbst auf, sondern die Gundlach & Sülter AG. Dadurch war es möglich, mit dem Namen und der Finanzstärke der kapitalstarken Hauptaktionäre zu werben. So heißt es z.B. in einem kurz nach der Unternehmensgründung im November 1986 herausgegebenen Anlegerprospekt über das Beteiligungsangebot für die Verkabelung der Stadt Osnabrück: »Die Beteiligung der HANNOVER Finanz, eine Konzerngesellschaft des HDI, und der Kapitalbeteiligungsgesellschaft der Berliner Bank an der Gundlach & Sülter AG bietet zusätzlich die Unterstützung einer großen Versicherungsgruppe sowie einer namhaften Bank«. Wie wenig diese Unterstützung in Wirklichkeit wert war, das sollten die Anleger erst später erfahren.

Über den Aufsichtsratsvorsitzenden und zweiten Hauptaktionär Dr. Bernau werden in einem anderen Firmenprospekt wahre Lobeshymnen verbreitet. Dort heißt es: »Ein solcher Mann an der Spitze des Aufsichtsrates begnügt sich nicht damit, Zahlen zu zählen und abzuzeichnen, wenn alles in Ordnung ist. Er ist selbst ein leidenschaftlicher Innovativer, der den Vorstand mit Ideen und Taten unterstützt«.

Gerade auf die an Fondsbeteiligungen besonders interessierten Anleger, die sich im allgemeinen nicht näher mit den Marktgegebenheiten der Investitionen beschäftigen, sondern sich auf Qualifikation und Kompetenz der verantwortlichen Geschäftsführer und Aufsichtsräte verlassen, wirken solche Erklärungen ausgesprochen positiv. Warum sich noch groß Gedanken über Sicherheit und Risiken der Anlage machen, wenn derart kompetente Fachleute im Aufsichtsrat sitzen? Schließlich erfuhren die interessierten Anleger über die HANNOVER Finanz aus den Prospekten, daß diese ihre Beteiligungen ausschließlich unter dem Aspekt »langfristiger Vermögensanlagen« eingeht und ganz besonders an den »Zukunftsperspektiven ihrer Beteiligungsunternehmen« interessiert ist.

Die gezielte Hervorhebung der Hauptaktionäre zum Zwecke des Einwerbens von Anlegergeldern geschah nicht nur mit wohlwollender Duldung der Hauptaktionäre, sondern mit deren nachdrücklicher Unterstützung. So ließ die HANNOVER Finanz am 9. September 1986 im »Handelsblatt« verlautbaren, daß man sich an der Gundlach & Sülter AG beteiligt habe, um »Zugang zum Markt der neuen Medien zu bekommen und vielleicht später an die Börse zu gehen«. Das hörte sich in der Tat vertrauenserweckend an.

Aber noch mit einem anderen Vertrauensträger wurden mögliche Zweifel von Anlageinteressenten ausgeräumt. Durchgängig stellte die Gundlach & Sülter AG in allen Prospekten ihre »enge und gute Zusammenarbeit mit der Deutschen Bundespost« heraus. Durch ihre Beteiligung an den Medienfonds könnten die Anleger – so heißt es in den Prospekten – »die Vielfalt der möglichen Kooperationen mit der Deutschen Bundespost nutzen.« Ein staatliches Unternehmen ist für viele Anleger an sich schon Garant für sichere und seriöse Vermögensanlagen, ganz besonders aber dann, wenn die Investitionen in vertrauensvollem Zusammenwirken mit einer solchen Institution getätigt werden.

Nicht nur in Prospekten, auch in großformatigen Anzeigen wird in den Jahren 1986 und 1987 mit dem Slogan geworben: »Ihre Partner sind erste Adressen der Wirtschaft und öffentlichen Hand«. Welcher Anleger ließe sich durch solche Erklärungen und Namen, die für Kapitalstärke und Zuverlässigkeit stehen, nicht beeindrukken? Unter PR-Gesichtspunkten ist aber auch interessant, daß Gundlach und Sülter – ganz im Stile des Bernie Cornfeld – bei den Anlegern den Eindruck erweckten, sie böten ihnen einmalige, für einen Normalbürger sonst nicht zugängliche Chancen. So ist im

Zusammenhang mit den Medienfonds von einem »einzigartigen Finanzierungsinstrument« in Deutschland die Rede. Ähnlich wie Cornfeld präsentierten sich Gundlach und Sülter auch als gewissenhafte, nachdenkliche Unternehmer, die nach ethischen Gesichtspunkten handeln. So verkündeten sie im Anlegerprospekt für den NEUE MEDIEN FONDS 3: »Die Basis unseres unternehmerischen Handelns sind die Maximen Aufrichtigkeit, Einschätzbarkeit und Eindeutigkeit«.

Die Unternehmensstrategie des Gundlach & Sülter-Managements bestand aus: 1. hohen Renditeversprechen, gekoppelt mit steuerlichen Verlustzuweisungen; 2. ansprechenden und aufwendig gestalteten Werbeprospekten und dem Einsatz von Anlageberatern im ganzen Bundesgebiet; 3. der Schaffung eines Vertrauensklimas mit Hilfe erster Adressen der deutschen Wirtschaft und Hervorhebung der Deutschen Bundespost als Kooperationspartner; 4. der Vorspiegelung von Erfolg, Dynamik und ethischen Unternehmenszielen.

Sie erwies sich als überaus erfolgreich. Zwischen dem Herbst 1986 und dem Frühjahr 1989 wurden knapp 900 Anleger für eine Beteiligung an den Medienfonds geworben. Sie zahlten in diesem Zeitraum rund 65 Millionen Mark in die drei Medienfondsgesellschaften ein. Die Mindestbeteiligung für jeden Anleger lag bei 50 000 Mark. Ein großer Teil beteiligte sich jedoch mit 100 000 Mark, einzelne Anleger sogar mit 500 000 Mark.

Es handelte sich bei den Anlegern keineswegs nur um Höchstverdiener, auch Hausfrauen, Journalisten und andere Normalverdiener ließen sich überreden, sich an der Finanzierung von Projekten im Bereich der neuen Medien zu beteiligen. Sie kamen aus allen Teilen Deutschlands, zum überwiegenden Teil aus Süddeutschland und dem Ruhrgebiet, sicherlich nicht zufällig nur zu einem verschwindend kleinen Teil aus der Umgebung von Hannover, dem Firmensitz der Gundlach & Sülter AG.

2. Traumrenditen für Anleger

Wir haben es heute mit ernüchterten Investoren zu tun. Wenn Sie heute noch irgendetwas verkaufen wollen, dann müssen das ganz handfest gestrickte Sachen sein.

Jochem Erlemann, »Spiegel«-Gespräch Nr. 1/1988

Die Chancen, gutverdienende Bundesbürger für Projekte der Abschreibungsbranche zu interessieren, haben im vergangenen Jahrzehnt einige Dämpfer erhalten. Neben spektakulären Zusammenbrüchen von Fondsgesellschaften und trüben Erfahrungen der Anleger mit zweifelhaften Abschreibungsprofis gehörte dazu vor allem die Entscheidung des Bundesfinanzhofs aus dem Jahre 1984, nach der Abschreibungsobjekte nur noch steuerlich anerkannt werden durften, wenn auch Gewinne angestrebt würden, und nicht nur Verluste. Der wegen betrügerischer Geschäfte auf dem Kapitalanlagemarkt zu acht Jahren Haft verurteilte Abschreibungsexperte Jochem Erlemann vertrat deshalb im Januar 1988 im »Spiegel« die Auffassung, daß die Abschreibungsbranche praktisch am Ende sei. Die Steuerspargier habe einen starken Dämpfer bekommen, der Anleger von heute sei primär an hohen Renditen interessiert.

Mit Renditeaussichten von bis zu 17 % wurden auch die Anleger der Medienfonds von der Gundlach & Sülter AG geworben. Den Anlegern wurde versprochen, daß ihr Kapital »in das gesamte Spektrum der Einrichtungsmöglichkeiten von Kabelnetzen, das Marketing und die Akquisition an ausgewählten Standorten in der Bundesrepublik Deutschland investiert würde«. Der Zweck der Medienfonds bestehe darin, sich an »hochrentablen Investitionsmöglichkeiten« auf dem Gebiet der neuen Medien zu beteiligen. Vor allem in regionale Kabelservicegesellschaften (i.F.: Kabelgesellschaften), an denen die Post über die TKS beteiligt sei, würden – so versprachen die Prospekte – die Anlegergelder gelenkt. Auf die

Entscheidung, in welche Kabelgesellschaften das Anlegerkapital investiert werden sollte, konnten die Anleger keinen Einfluß nehmen. Das entschied die Geschäftsführung der Medienfonds im Zusammenwirken mit dem Aufsichtsrat. Den Anlegern wurde jedoch versichert, daß die Verteilung des Kapitals auf die Kabelgesellschaften ausschließlich nach sorgsamer Prüfung unter Beachtung von Erfahrungswerten erfolge.

Nicht erwähnt wurde in den Anlegerprospekten indes, daß ein beträchtlicher Teil der von den Fonds in Kabelgesellschaften investierten Anlegergelder dazu bestimmt war, an die Gundlach & Sülter AG sofort zurückzufließen. Während sich die Anleger in dem Glauben wähnten, ihr Geld arbeite zweckgerichtet in den regionalen Kabelgesellschaften, hatten Aufsichtsrat und Vorstand der Gundlach & Sülter AG einen Weg gefunden, durch geschickte Firmenkonstruktionen Millionenbeträge aus den Kabelgesellshaften an das eigene Unternehmen zurückzuführen. Die in Form von Publikumsgesellschaften betriebenen Fondsgesellschaften, die NEUE MEDIEN FONDS 1-3 GmbH & Co. KGs, hatten nämlich jeweils persönlich haftende Gesellschafter (Komplementär-GmbH), die allein zur Vertretung und Geschäftsführung in den Fondsgesellschaften berechtigt waren. Diese wurden wiederum durch die Gundlach & Sülter AG gestellt, die jeweils alleiniger Gesellschafter der Komplementär-GmbH war.

So konnte die Gundlach & Sülter AG die Geschäftspolitik und damit auch die Verwendung der Anlegergelder bestimmen. Gundlach und Sülter fungierten in Personalunion gleichzeitig als Vorstände der Gundlach & Sülter AG und Geschäftsführer der Medienfondsgesellschaften. Da auch der Aufsichtsrat der Fondsgesellschaften aus den gleichen Personen wie der der AG bestand, entstand ein System, in dem eine Kontrolle durch Außenstehende faktisch nicht erfolgte. Aufsichtsräte und Vorstände der AG konnten nach Gutdünken mit den Anlegergeldern schalten und walten. Zwar gehörten dem erweiterten Beirat der Fondsgesellschaften noch zwei weitere Mitglieder an, die aber mangels Insiderwissen keine realistische Chance hatten, die vom Gundlach & Sülter-Aufsichtsrat und Vorstand getroffenen Entscheidungen wesentlich zu beeinflussen oder gar zu widerrufen.

Nach dieser Methode wurde das Geld der Anleger in ein geschlossenes Kreislaufsystem zum Nutzen der Gundlach & Sülter AG, ihrer Vorstände, Aufsichtsräte und Aktionäre geleitet, das nach folgendem Schema funktionierte: Das von den Anlegern eingesammelte Geld wurde zunächst in die Medienfondsgesellschaften eingezahlt. Die zur Geschäftsführung der Medienfondsgesellschaften berechtigten Herren Gundlach und Sülter verfügten sodann – mit Zustimmung des Aufsichtsrates – in welche Kabelgesellschaften die Fondsmittel investiert wurden. Der Treuhänder der Fonds, Wirtschaftsprüfer Carl-Ulrich Bremer aus Hamburg, hatte die Mittel auf Anforderung der Geschäftsführung, also der Herren Gundlach und Sülter, auszuzahlen. Gleichzeitig schlossen sie in ihrer Funktion als Vorstände der Gundlach & Sülter AG mit den begünstigten Kabelgesellschaften sogenannte Dienstleistungsverträge ab. In diesen Verträgen verpflichtete sich die Gundlach & Sülter AG, die Gesamtfinanzierung (Eigen- und Fremdkapital) der betreffenden Kabelgesellschaften sicherzustellen. Dafür berechnete sie Honorare in Höhe von bis zu 12 Prozent der Gesamtfinanzierungsvolumens, d.h. Beträge zwischen 1,5 und 4,5 Millionen Mark für jede Kabelgesellschaft. Bei insgesamt 11 Kabelgesellschaften, die aus Fondsmitteln gespeist wurden, machte dies einen Betrag von mehr als 30 Millionen Mark aus.

Während in den Anlegerprospekten lediglich Finanzierungsbeschaffungskosten mit insgesamt 1,5 Millionen Mark für jeden Fonds ausgewiesen wurden, also insgesamt 4,5 Millionen Mark, wurden somit de facto Finanzierungsbeschaffungshonorare (als Finanzierungsvermittlungshonorare bezeichnet) beansprucht, die ein Vielfaches ausmachten. Bereits bei der Gründung der Medienfondsgesellschaften hatten Aufsichtsrat und Vorstand hinter verschlossenen Türen errechnet, daß der AG bei einem Medienfonds mit Anlegergeldern von 50 Millionen DM Einnahmen in Höhe über 30 Millionen zufließen würden, was natürlich in den Anlegerprospekten verschwiegen wurde. Dort wurde vielmehr der Eindruck erweckt, die von den kapitalstarken Aktionären getragene AG erziele ihre Einnahmen aus den unterschiedlichsten Bereichen. Daß letztlich die Anlegergelder Basis der für die AG wichtigsten und praktisch einzig nennenswerten Einnahmequellen waren und diese dann wiederum zu einem beachtlichen Teil in Form von Tantiemen und Dividenden den Vorständen und Aktionären zugute kamen, davon erfuhren die Anleger nichts. Mit ihrem Vorgehen setzten sich die Gundlach & Sülter-Verantwortlichen als Prospektherausgeber über die in der Rechtsprechung vorherrschende Meinung, daß in Anlegerprospekten wesentliche Vorkosten offen ausgewiesen werden müssen, großzügig hinweg.

Dabei hatte der Gesetzgeber im Jahre 1986 im Zuge des zweiten Gesetzes zur Bekämpfung der Wirtschaftskriminalität eigens den Paragraphen 264 a ins Strafgesetzbuch (StGB) eingeführt. Damit sollte der Anlegerschutz verbessert und die Gefahr verringert werden, daß beim Vertrieb von Kapitalbeteiligungen unrichtige oder unvollständige Angaben in den Prospekten gemacht werden. Auch sollte sichergestellt werden, daß sich derjenige, der im Zusammenhang mit dem Vertrieb von Kapitalanteilen in Prospekten erhebliche Umstände, die für die Kaufentscheidung Bedeutung haben, falsch darstellt oder verschweigt, strafbar macht. Das Gesetz sieht für Kapitalanlagebetrug Freiheitsstrafen bis zu drei Jahren oder Geldstrafen vor.

Mit der Neuschaffung dieses Straftatbestandes verband sich die Erwartung, Kapitalbetrugsdelikte wirksamer bekämpfen zu können. Parallel zur verschärften Strafgesetzgebung wurden die Grundsätze über die zivilrechtliche Prospekthaftung bei Kapitalanlagen von der Rechtsprechung ständig weiterentwickelt. Letztlich sind die Prospekte die wichtigste und oftmals einzige Informationsquelle für Anleger, die sich am freien Kapitalmarkt beteiligen wollen. In vielen Fällen entscheiden sie darüber, ob sich ein Anleger an dem Anlageobjekt beteiligt oder nicht.

Verantwortlich für Richtigkeit und Vollständigkeit der Prospektangaben sind neben den Herausgebern auch die Initiatoren, Gestalter und Gründer der Gesellschaft. Diese haben die Pflicht, in den Prospekten sachlich über alle Tatsachen aufzuklären, die für die Beurteilung des wahren wirtschaftlichen Risikos der Kapitalanlage erforderlich sind. Bei Versäumnissen der Aufklärungspflicht haften die Verantwortlichen und werden gegenüber geschädigten Anlegern in Höhe des entstandenen Schadens schadensersatzpflichtig.

Um dem Schutzinteresse der Anleger zu genügen, ist in den letzten Jahren der Kreis der Verantwortlichen von der Rechtsprechung ständig ausgeweitet worden. Der Bundesgerichtshof (BGH) bejaht inzwischen auch die Haftung derjenigen, die zwar nicht Herausgeber der Prospekte sind, aber besonderen Einfluß auf die Gesellschaft ausüben. Neben den Initiatoren können somit auch die im Hintergrund Tätigen zur Verantwortung gezogen werden. So hat der BGH kürzlich entschieden, daß Personen und Unternehmen, die mit Rücksicht auf ihre besondere berufliche und wirtschaftliche Stellung oder aufgrund ihrer Eigenschaft als berufliche Sachkenner eine Garantenstellung einnehmen, gegenüber Kapitalanlegern haften, wenn sie durch ihr nach außen in Erscheinung tretendes Mitwirken am Prospekt einen Vertrauenstatbestand schaffen.

Kernpunkt der Prospekthaftung ist die Frage, ob in Anspruch genommenes Vertrauen enttäuscht worden ist. Dies wird immer dann angenommen, wenn Angaben unvollständig oder unrichtig sind. Unrichtig sind Angaben beispielsweise dann, wenn falsche Aussagen über eine gesicherte Finanzierung gemacht werden. Auch falsche Prognoserechnungen, die bereits zum Zeitpunkt des Vertriebes der Kapitalanlage nachweislich falsch waren, fallen hierunter. Unrichtige Angaben und das Verschweigen nachteiliger Tatsachen begründen einen Schadensersatzanspruch der geschädigten Anleger, wenn es sich um Tatsachen handelt, die von erheblicher Bedeutung sind, also die Entscheidung über den Erwerb einer Anlage beeinflussen können. Die Rechtsprechung geht davon aus, daß dies immer dann der Fall ist, wenn bei ihrer Kenntnis ein vernünftiger durchschnittlicher Anleger bei vollständiger Aufklärung über diesen Umstand die Beteiligung wohl nicht erworben hätte.

Finanzierungsbeschaffungshonorare, die – wie im vorliegenden Fall – fast die Hälfte des von den Anlegern eingezahlten Kapitals ausmachen, sind zweifellos als wesentlich zu beurteilen. Dennoch verschwiegen die Prospektherausgeber den Anlegern die Millionenzahlungen der Kabelgesellschaften an die Gundlach & Sülter AG. Erst nachdem das Hamburger Wochenmagazin »Die Zeit« im September 1988 über Rückflüsse aus Fondsmitteln an die Gundlach & Sülter AG berichtete, entschloß sich das Unternehmen, die Finanzierungsvermittlungshonorare in dem im gleichen Monat herausgegebenen Anlegerprospekt für den Neuen Medien Fonds 3 erstmals überhaupt zu erwähnen. Obwohl diese Honoraransprüche fast 8 Millionen Mark ausmachten – mehr als die Hälfte der gesamten Mittel dieses Fonds von 15 Millionen Mark –, begnügte man sich mit einer kleingedruckten Fußnote, in der keine Angaben über die tatsächliche Höhe der »Finanzierungsvermittlungshonorare« gemacht wurden. Für diese Zurückhaltung gab es gute Gründe, hatte doch die Gundlach & Sülter AG kein Interesse daran, die Anleger abzuschrecken. Die Finanzierungsvermittlungshonorare waren nämlich die wichtigste Einnahmequelle der AG.

Die vorweihnachtliche Nacht- und Nebelaktion im Jahr 1988, mit der am Tag vor Heiligabend die Kabelgesellschaft Würzburg – Kabelcom Würzburg – gegründet wurde, offenbart, daß die Verantwortlichen selbst vor ökonomisch unsinnigen Projekten nicht zurückschreckten, um in den Genuß dieser Finanzierungsvermittlungshonorare zu kommen. Nachdem die TKS, die Tochtergesellschaft der Post, eine Beteiligung an der Kabelcom Würzburg abgelehnt hatte, weil in ihren Augen das Unternehmen keine wirtschaftlichen Perspektiven bot, entschlossen sich Gundlach und der Geschäftsführer der PKK (Projektgesellschaft für Kabelkommunikation) Peter Rump, dieses Unternehmen ohne Beteiligung der TKS zu gründen. Auch die PKK gehörte seit 1986 zu den Nutznießern des mit Hilfe von Anlegergeldern geschaffenen Geldkreislaufsystems, indem sie Geschäftsbesorgungsverträge (sog. Projektmanagementverträge) mit den Kabelgesellschaften vereinbarte, die ihr Millionenhonorare bescherten.

Gundlach und Rump setzten sich kurzerhand selbst als Geschäftsführer der neu gegründeten Kabelcom Würzburg ein. Bereits zwei Tage nach Gründung der Kabelgesellschaft schlossen die beiden Kabelcom-Geschäftsführer mit ihren eigenen Unternehmen sogenannte Dienstleistungsverträge ab, die diesen Einnahmen in Millionenhöhe garantierten – zu Lasten der Kabelcom Würzburg. Die Gundlach & Sülter AG ließ sich dafür, daß sie sich vertraglich verpflichtete, mit Hilfe von Anlegergeldern die Gesamtfinanzierung der Kabelcom Würzburg sicherzustellen, ein Honorar von 3 090 000,00 DM zusichern. Der Vergütungsanspruch entstand bereits bei Vertragsunterzeichnung, also vor Sicherstellung der Gesamtfinanzierung. Dies erwies sich für die Gundlach & Sülter AG als besonders vorteilhaft, weil sie dadurch – ohne irgendeine Leistung erbracht zu haben – das gesamte Honorar als Forderung in ihre Bilanz für das Geschäftsjahr 1988 aufnehmen und so einen Gewinn ausweisen konnte.

Die Kabelcom Würzburg wurde zu einem Zeitpunkt gegründet, als die Gundlach & Sülter-Verantwortlichen bereits wußten, daß die Renditeprognosen viel zu optimistisch waren. Dazu kam, daß es im süddeutschen Raum bereits etliche Kabelgesellschaften gab und die wirtschaftlichen Perspektiven für eine weitere Gesellschaft in Würzburg deshalb schlecht waren. Die Anlaufkosten der neu gegründeten Gesellschaft waren immens. Neben der Vergütung von über drei Millionen Mark für die Gundlach & Sülter AG wurden weitere kostenträchtige Verträge zu Lasten der Kabelcom Würzburg abgeschlossen, im wesentlichen zum Vorteil der PKK. Insgesamt wurde die Kabelcom Würzburg mit Honorarverpflichtungen in Höhe von über 7 Millionen Mark belastet, so daß im Gründungsjahr der Jahresabschluß einen Fehlbetrag von fast 3,5 Millionen Mark auswies. Für die Anleger bedeutete das, daß ihre Beteiligung in Höhe von 5 Millionen Mark an der Kabelcom Würzburg in ein Projekt investiert worden war, das alles andere als ein »zukunftsträchtiges Investitionsobjekt« war, eher schon ein »Selbstbedienungsprojekt« seiner Initiatoren.

Auch die zwei anderen von der NEUEN MEDIEN FONDS 3 finanzierten Kabelgesellschaften standen von Anfang an auf unsicheren Beinen. Die in den Anlegerprospekten für den Medienfonds 3 als »einmalige und letztmalige Chance« für Anleger beschriebenen Investitionsprojekte waren in Wirklichkeit vor allem ein probates Mittel, die Lebensdauer der AG zu verlängern und den sich damals bereits abzeichnenden Konkurs hinauszuzögern. Die Vergütungsansprüche der Gundlach & Sülter AG gegenüber den Kabelgesellschaften wurden nämlich auf der Aktivseite in voller Höhe bilanziert, wodurch die Gundlach & Sülter AG noch einen Gewinn von über 2 Millionen Mark für 1988 ausweisen konnte. Natürlich war dem »kompetenten« Aufsichtsrat nicht entgangen, daß sich Kabelanschlußzahlen, die 40 Prozent unter den prognostizierten Werten lagen, negativ auf die wirtschaftliche Lage der Kabelgesellschaften auswirken mußten und die angeblich werthaltigen Honorarforderungen in höchstem Maße gefährdet waren. Dies behielten sie aber wohlweislich für sich.

Zieht man eine kritische Bilanz der wirtschaftlichen Perspektiven aller drei Medienfonds, so ist den Anlegern, die ihr Geld in den Neuen Medien Fonds 3 eingezahlt haben, besonders übel mitgespielt worden. Dieser Fonds wurde ab Herbst 1988 auf dem freien Kapitalmarkt angeboten. Obwohl die Aufsichtsräte und Vorstände der Gundlach & Sülter AG als Prospektherausgeberin zu diesem Zeitpunkt wußten, daß die Anschlußdichten bei den Kabelkunden weit hinter den Planzahlen zurücklagen, wurden in den Anlegerprospekten unverändert hohe Renditen ausgewiesen. Sogar noch im Frühjahr 1989 wurden Kapitalanlagen verkauft. Die Rendite von über 17 Prozent, für die meisten Anleger in Verbindung mit den versprochenen Verlustzuweisungen ein wichtiger Anreiz, ging von einer Kabelanschlußdichte von 60 Prozent der anschließbaren Wohneinheiten in den betreffenden Städten aus. Dies war jedoch eine von der Realität weit entfernte Prognose. Selbst die Düsseldorfer Treuhand-Gesellschaft Altenburg & Tewes stellte in ihrem Prospektprüfungsbericht für den Medienfonds 3 fest, daß inzwischen ein wichtiger Anreiz für den Kabelanschluß entfallen sei. Die Privatprogramme RTL und SAT 1 waren nämlich in vielen Städten bereits über die Hausantenne empfangbar. Dennoch hielten die Prüfer die Akzeptanzprognosen für »insgesamt plausibel«, ohne dies allerdings überzeugend zu begründen.

Dabei waren die Probleme auf dem Kabelmarkt offenkundig. Bereits im Frühjahr 1987 mußten die beiden Vorstände dem Aufsichtsrat eingestehen, daß es in den Kabelgesellschaften Wolfsburg und Braunschweig erhebliche Probleme mit den Kabelanschlüssen gab. Man verkaufte jedoch unbeirrt weiter Kapitalbeteiligungen an Verkabelungsprojekten mit den attraktiven Renditeversprechen und zog nicht einmal im März 1989 die Notbremse. Zu diesem Zeitpunkt stand definitiv fest, daß in sämtlichen Kabelgesellschaften, an denen die Anleger über die Medienfondsgesellschaften beteiligt waren, die Anschlußdichten 40 Prozent unter Plan lagen. Spätestens jetzt mußte allen Beteiligten klar sein, daß wohl nicht einmal die in den Prospekten versprochene Mindestrendite von 12 Prozent erreicht werden würde. Daß sich die Prospektherausgeber beim dritten Medienfonds nicht ganz wohl in ihrer Haut fühlten, wird deutlich, wenn man die Prospekte für den Medienfonds 1 mit dem für den Fonds 3 vergleicht. In dem im August 1987 herausgegebenen Anlegerprospekt für den Medienfonds 1 sind noch zehn Kriterien genannt worden, nach denen die Anlegergelder investiert werden sollten:

1. 60 Prozent Kabelanschlußdichte nach 5 Jahren;
2. 20 Prozent Akzeptanz für Pay-TV nach 6 Jahren bei den angeschlossenen Medieneinheiten;
3. Fremdfinanzierung muß gesichert sein;
4. Der geplante interne Zinsfuß auf die Kapitalanlage darf 12 Prozent p.a. nicht unterschreiten;
5. Das Eigenkapital und Stimmrecht in den jeweiligen Beteiligungsgesellschaften (Kabelgesellschaften) darf 25 Prozent nicht unterschreiten;
6. Haftungsbegrenzung auf die Höhe der Beteiligung;
7. Der Postratenkredit ist auszunutzen;
8. Die Anlaufverlustphase darf nicht länger als 5 Jahre betragen;
9. Keine Aufnahme von Fremdkapital, Übernahme von Bürgschaften etc. durch die Neue Medien Fonds 1 GmbH & Co. KG;
10. Keine Tätigkeit der Gundlach & Sülter AG und ihrer Vorstände in der Geschäftsführung der jeweiligen Kabelgesellschaft.

In dem nur ein Jahr später für den Neuen Medien Fonds 3 herausgegebenen Prospekt war die Zahl der Investitionskriterien auf 4 zusammengeschrumpft. Nur noch die Kriterien 4, 5, 6 und 8 wurden genannt. Keine Rede war mehr davon, daß die Fremdfinanzierung des jeweiligen Investitionsvorhabens gesichert sein mußte, obwohl in der Rechtsprechung und Literatur die einhellige Meinung besteht, daß die Prospekte grundsätzlich Angaben über die Gesamtfinanzierung der Kapitalanlage enthalten müssen. Auch die Forderung, daß die Vorstände der Gundlach & Sülter AG nicht in der Geschäftsführung der jeweiligen Kabelbetriebsgesellschaft tätig sein dürfen, war weggefallen. Hierfür gab es, wie der geschilderte Fall Würzburg verdeutlicht, aus Sicht der Gundlach & Sülter AG gute Gründe.

Daß das Geldkreislaufsystem zu Lasten der Anleger überhaupt so lange problemlos funktionierte, ist wohl vor allem darauf zurückzuführen, daß die Aufsichtsräte, die für die Anleger zweifelsohne Vertrauensgaranten waren, ihr Augenmerk weniger auf eine sinnvolle Verwendung der Anlegergelder legten als vielmehr auf möglichst hohe Gewinne bei der Gundlach & Sülter AG selbst. Ihr Ziel, die AG an die Börse zu bringen, konnten die beiden im Aufsichtsrat dominierenden Hauptaktionäre nur erreichen, wenn bei der AG entsprechend hohe Dividenden ausgeschüttet wurden. So ist auch zu erklären, warum die Anlegermittel mit Zustimmung des Aufsichtsrates auch für solche Kabelgesellschaften verwendet wurden, die von vornherein auf tönernen Füßen standen, unabhängig davon aber der AG Honorarzuflüsse sicherten.

Die Personalunion von Verantwortlichen der Gundlach & Sülter AG und der Medienfondsgesellschaften garantierte ein quasi kontrollfreies System hinsichtlich der Anlegergelder. Die Kontrollorgane der Prospektherausgeberin waren gleichzeitig Kontrolleure über die Verwendung der Anlegergelder. Außerdem verfügte die Gundlach & Sülter AG über diverse Einflußmöglichkeiten in den Kabelgesellschaften. Nicht nur, daß die Vorstände und Aufsichtsräte bestimmten, welche Kabelgesellschaften mit Hilfe von Anlegergeldern finanziert wurden, die Vorstände waren außerdem in allen diesen Kabelgesellschaften im Aufsichtsrat. Außerdem beteiligte sich die Gundlach & Sülter AG ihrerseits an den Geschäftsführungs-GmbHs der Kabelgesellschaften, konnte also als Gesellschafter Einfluß ausüben.

Solange die AG nur Gewinne auswies, neigten die Aufsichtsräte offenkundig dazu, ein Auge zuzudrücken und auf eine kritische Überprüfung des Verbleibes und der wirtschaftlichen Perspektiven der ihnen anvertrauten Anlegergelder zu verzichten. Dabei war in den Statuten der Medienfondsgesellschaften ausdrücklich festgelegt, daß auf den Aufsichtsrat die Vorschriften des Aktiengesetzes (Überwachungspflicht) anwendbar sind.

Dennoch zeichnete sich schon zwei Jahre nach Gründung der AG ab, daß es mit ihr nicht zum besten stand. Bereits 1987 war der Mitfirmengründer Enno Poets ausgeschieden, und die Firmengründer und Vorstände Gundlach und Sülter hatten ihre Anteile bis auf jeweils 7,5 Prozent an den gut betuchten Karl Rauch Verlag aus Düsseldorf und die zur Berliner Bank gehörende BB-Kapitalbeteiligungsgesellschaft veräußert. Im Verlauf des Jahres 1988 beteiligte sich außerdem der Gundlach & Sülter-Steuerberater Egbert Nölken mit 1,25 Prozent am Aktienkapital. Gleichzeitig war das Gesellschaftskapital von ursprünglich 1 Million Mark auf zunächst 6 und später 12 Millionen Mark erhöht worden.

Trotz der Kapitalaufstockung und der finanzstarken Aktionäre zeichneten sich Finanzprobleme ab. Durch das verschwenderische Ausgabengebaren der beiden Vorstände war nämlich der größte Teil der aus den Kabelgesellschaften erzielten Einnahmen bereits Ende 1988 wieder aufgezehrt. Und die Kabelgesellschaften selbst gerieten ebenfalls in Schwierigkeiten. Da bereits im Gründungsjahr ein beträchtlicher Teil des von den Fonds eingezahlten Eigenkapitals an die sogenannten Dienstleister wieder abfloß, ließen sich die notwendigen und ebenfalls mit hohen Vorkosten verbundenen Unternehmensaufgaben nur unter größten Schwierigkeiten finanzieren. Außerdem gab es inzwischen fast flächendeckend im Bundesgebiet Kabelgesellschaften. Es war daher kaum noch möglich, weitere Kabelgesellschaften zu gründen, um daraus Honorare für die Gundlach & Sülter AG abzuweigen. Die weitaus wichtigste Einnahmequelle der AG drohte zu versiegen.

Doch weder der erfahrene Wirtschaftsprüfer Dr. Bernau noch die HANNOVER Finanz, ausweislich ihres Firmenprospektes »erfahrener und kompetenter Vollprofi für Firmenbeteiligungen«, unternahmen etwas. Sie ließen die Dinge in den Medienfonds, in den Kabelgesellschaften und auch bei der AG laufen. Nicht nur in den Fondsgesellschaften, auch in der AG nahmen die Aufsichtsräte ihre Überwachungs- und Kontrollpflichten äußerst nachlässig wahr. So stellte die Düsseldorfer Treuhand-Gesellschaft Altenburg & Tewes in einem im Sommer 1989 erstellten Organisationsgutachten für die Gundlach & Sülter AG und ihre Tochterfirmen fest, daß es »gravierende Schwachstellen« gebe. Die Gutachter monierten vor allem das unzureichende Controlling und die fehlende Kostenrechnung.

Diese gravierenden Schwachstellen hätten dem Aufsichtsrat, der von 1986–1989 immerhin über dreißigmal Aufsichtsratssitzungen abhielt, und wenn es ihm erforderlich erschien, auch im aktuellen Tagesgeschäft Einfluß auf die Geschäftsführung nahm, auffallen müssen. Indes billigte er die Nachlässigkeiten in kaufmännischen Angelegenheiten und machte auch keinerlei Einwendungen gegen die hohen Vorstandsgehälter, Tantiemen und sonstigen Ausgaben, vielmehr zerbrach sich der Aufsichtsratsvorsitzende Dr. Bernau Anfang 1988 den Kopf darüber, wie man den beiden Vorständen zusätzlich zum Gehalt eine Tantieme in Höhe von jeweils 1,5 Millionen Mark für das Geschäftsjahr 1987 ermöglichen könne. In einem an seine Aufsichtsratskollegen gerichteten Schreiben schlug er vor, die Vorstandstantieme von rund 1 Million Mark je Vorstandsmitglied, die sich angeblich rechnerisch aus dem Jahresüberschuß ergab, auf 1,5 Millionen Mark anzuheben. Sozusagen im Gegenzug einigten sich Vorstand und Aufsichtsrat dann darauf, eine zwanzigprozentige Dividende an die Aktionäre auszuschütten.

Da die vermeintlich gewinn- und zukunftsträchtigen Anlageobjekte in Wirklichkeit in erster Linie wichtigste Einnahmequelle für die Gundlach & Sülter AG selbst, keineswegs aber für die Anleger waren, lag es auf der Hand, daß die den Anlegern versprochenen Traumrenditen ausbleiben mußten.

3. Dunkle Wolken am Kabelhimmel

Wegen eines Mückenstiches gibt kein Vorstand
und kein Aufsichtsrat auf.

Dr. Manfred Bernau in »Cash Special« 5/1988

Bei der Besetzung ihres Aufsichtsratsgremiums hatten die Firmengründer ohne Frage eine glückliche Hand. Nicht ohne Grund heißt es in dem Firmenprospekt »Die Geschichte einer Idee«: »Noch ein Faktor ist für die unternehmerische Gesamtleistung der AG wichtig: Die kluge Wahl des Aufsichtsrates«. Doch die vertrauenerwekkenden Aufsichtsratsmitglieder hatten nur ein geringes Interesse daran, ihre Kontrollfunktionen in der AG und in den Medienfondsgesellschaften allzu kritisch auszuüben. Ihnen ging es in erster Linie um möglichst hohe Gewinnausschüttungen der AG. So konnten die beiden Vorstände, ohne vom Aufsichtsrat daran gehindert zu werden, in den drei Jahren des Bestehens der Gundlach & Sülter AG das Unternehmen nutzen, um sich und einige befreundete Berater zu bereichern. Fast 40 Prozent des gesamten Firmenumsatzes in Höhe von knapp 50 Millionen Mark von 1986–1989 flossen in die Taschen der beiden Vorstände und einiger Berater.

Helmut Kapferer beschreibt in seinem kürzlich erschienenen Buch über die Machenschaften der Geldhaie folgende Elemente als charakteristisch für die Ausplünderungsstrategie sogenannter Geldanlageexperten:

1. Vielfältige Beziehungen der eingeschalteten Vertragspartner untereinander;
2. Chaotischer Projektzustand;
3. Schwierige wirtschaftliche Situation der Anlageobjekte;
4. Destruktives Verhalten der Administratoren.

Diese Beschreibung trifft auch auf die Gundlach & Sülter-Konzeption zu. Aufgrund der sogenannten Dienstleisterverträge flossen

Millionenbeträge aus den Anlageobjekten (Kabelgesellschaften) auf die Konten der Prospektherausgeberin und von dort an die Initiatoren, Berater und Hintermänner. Die Anlageobjekte selbst befanden sich nach kürzester Zeit in einer äußerst schwierigen Lage, und man kann ohne Übertreibung hinsichtlich der Gundlach & Sülter AG von administrativem Chaos sprechen. Doch dazu mehr in Teil II.

Was die unmittelbare »Ausplünderung« angeht, genügt ein Blick in die Gehalts-, Gebühren- und Beratungskostenkonten. Rund 7,5 Millionen Mark sind allein den beiden Vorständen in drei Jahren zugeflossen. Dabei handelte es sich um Gehaltszahlungen, Tantiemen, Dividenden und eine sog. Know-how-Vergütung. Die »Know-how-Vergütung« in Höhe von 2,5 Millionen Mark ist ein gutes Beispiel für den Erfindungsreichtum und die Kreativität der beiden IOS-Schüler, wenn es darum ging, Geldmittel auf ihre Privatkonten umzuleiten. Im vorliegenden Fall vereinbarten Aufsichtsrat und Vorstand, die Idee selbst, Verkabelungsprojekte über den privaten Anlagemarkt zu finanzieren, als »Vermögenswert« zu bewerten und zusätzlich zum ohnehin üppig bemessenen Gehalt zu vergüten.

Ausschlaggebend für diese ziemlich ungewöhnliche Vereinbarung war die im Aufsichtsrat gewachsene Erkenntnis, daß die wahre Höhe der Vorstandstantiemen, die im Jahr 1987 immerhin 3 Millionen Mark ausmachten, auf keinen Fall der Öffentlichkeit und damit den Anlegern bekannt werden dürfe. Der Aufsichtsrat beschloß deshalb, dem Vorstand anstelle der Tantieme eine Know-how-Vergütung gleichsam als getarnte Tantieme zukommen zu lassen. Eigentlich mußte der Aufsichtsrat, allen voran der Wirtschaftsprüfer Dr. Bernau, wissen, daß man eine neue Idee zur Gründung eines Unternehmens – wenn überhaupt – allenfalls in der Gründungsphase als Know-how erwerben kann, und nicht zwei Jahre nach Unternehmensgründung. Doch er gab seine Zustimmung zu diesem merkwürdigen, aber für die Vorstände äußerst einträglichen Vertrag. So kam es, daß die AG zwei Jahre nach ihrer Gründung das »Know-how« von Gundlach und Sülter im Bereich der Telekommunikation für 2,5 Millionen DM erwarb.

Das Know-how bestand laut »Kaufvertrag« einerseits in »der

Kenntnis über die technische und wirtschaftliche Durchführung von Verkabelungsmaßnahmen für das Kabelfernsehen« und andererseits »in der Einbeziehung privatrechtlicher Investoren in die Finanzierung und Vermarktung derartiger Kabelnetze«. Nahezu alle mit Verkabelungsfragen befaßten Mitarbeiter von Fernmeldeämtern und Verkabelungsfirmen verfügen über entsprechende Kenntnisse. Bleibt nur zu hoffen, daß die Postgewerkschaft nicht auch auf den Gedanken kommt, für ihre Mitglieder, die nur einen Bruchteil des ohnehin sehr üppig bemessenen Jahresgehaltes der Ex-Vorstände verdienen, ebenfalls eine »Know-how-Vergütung« zu fordern.

Wie leichtfertig und überaus großzügig Aufsichtsrat und Vorstand mit dem Geld der AG, das heißt also mit den auf Grundlage der Anlegergelder erzielten Umsätzen umgingen, wird auch an den Dividendenzahlungen deutlich, die sich die Aktionäre auf Beschluß des Aufsichtsrates, also letztlich der beiden Hauptaktionäre, der HANNOVER Finanz und der Familie Bernau, bewilligten. Über die gängige Praxis, in der Gründungsphase eines Unternehmens, zudem in einer so kapitalintensiven Branche wie der Verkabelung, mit Dividendenausschüttungen behutsam umzugehen, setzte man sich hinweg. Als Aufsichtsräte führten die beiden Hauptaktionäre bereits für das Gründungs- und Rumpfgeschäftsjahr 1986 einen Beschluß herbei, wonach fast der gesamte Gewinn in Form von Dividenden ausgeschüttet wurde. So konnten die HANNOVER Finanz und die Familie Dr. Bernau bei einem ausgewiesenen Bilanzgewinn von 255 000 Mark für nur vier Monate Dividenden in Höhe von zusammen fast 100 000 Mark auf ihren Konten verbuchen.

Auch in den Folgejahren waren die Dividendenzahlungen mehr als üppig. Für das Geschäftsjahr 1987 konnten sich die Aktionäre über eine Traumdividende in Höhe von 20 Prozent auf ihr eingezahltes Kapital freuen. Obwohl die Hauptaktionäre als Aufsichtsräte im Herbst 1989 über die akute Konkursgefahr bei Gundlach & Sülter AG im Detail unterrichtet waren, ließen sie sich noch Dividenden in sechsstelliger Höhe auszahlen. Der Vorstandsvorsitzende der HANNOVER Finanz, Hertz-Eichenrode, empörte sich zwar in einem an seinen Vorstandskollegen Schandelmaier gerichteten Vermerk über die unangemessene Forderung von Herrn Sülter nach Know-how-Vergütung, hatte gleichzeitig aber keinerlei Skrupel, für die HANNOVER Finanz von der nach eigenem Befinden konkursgefährdeten Gundlach & Sülter AG eine Dividende in Höhe von 190000 Mark netto zu kassieren. Auch der Aufsichtsratsvorsitzende Dr. Bernau ließ sich noch Ende Oktober 1989, kurz vor Eröffnung des Vergleichsantragsverfahrens eine Dividende von über 100000 Mark netto auf sein Konto überweisen.

Aber nicht nur die Vorstände, Aufsichtsräte und Hauptaktionäre arbeiteten Hand in Hand, um den von ihnen initiierten Geldkreislauf möglichst auf die Konten der Gundlach & Sülter AG zu lenken und vom Geldkuchen dann auch selbst ein großes Stück abzuschneiden. Gundlach und Sülter war es gelungen, ein dichtmaschiges Beziehungsgeflecht von Beratern aufzubauen, durch das die zweifelhaften Transfers eines beachtlichen Teils der auf dem freien Kapitalanlagemarkt eingeworbenen Anlegergelder an die Gundlach & Sülter AG gedeckt wurden. Insbesondere der Rechtsberater Dr. Böx und der Wirtschaftsprüfer und Steuerberater Egbert Nölken spielten hierbei eine herausragende Rolle.

Nölken, der sich als Erfinder des Medienfondskonzeptes bezeichnete, ließ sich für seine diversen Beratungstätigkeiten für die Medienfondsgesellschaften und die Gundlach & Sülter AG mehr als fürstlich entlohnen. Für seine Beratungsleistungen erhielt er von Mitte 1986 bis Ende 1988 mehr als 2 Millionen Mark an Honoraren. Auf den Zeitraum seiner Tätigkeit umgerechnet, ergibt das ein wöchentliches Honorar von 15000 Mark. Dafür zeigte sich Nölken seinerseits großzügig bei der Erteilung von Testaten, ganz besonders, was die Jahresabschlüsse der Medienfondsgesellschaften anging. So testierte er noch Ende Mai 1989 für die NEUE MEDIEN FONDS 3 GmbH & Co. KG einen Jahresabschluß, in dem die Kapitalbeteiligung an der Kabelcom Würzburg, deren mehr als zweifelhafte Seriösität bereits beschrieben wurde, in voller Höhe von 5 Millionen Mark als werthaltig ausgewiesen wurde, obwohl damals schon hinlänglich bekannt war, daß diese Kabelgesellschaft finanziell nicht lebensfähig war. Dennoch bescheinigte er in einem uneingeschränkten Testat, daß »der Jahresabschluß ein den tatsächlichen Verhältnissen entsprechendes Bild der Vermögens-, Finanz- und Ertragslage der Gesellschaft vermittelt« und die Bilanz »alle Risiken und Wagnisse enthält«.

Mit von der Partie war von Anfang an auch der Rechtsberater der Gundlach & Sülter AG, Dr. Böx, der im gleichen Haus wie die Gundlach & Sülter AG residierte. Er erhielt im gleichen Zeitraum fast eine Million Mark an Pauschalhonoraren für rechtliche Beratungen.

Als sogenannter politischer Berater ließ sich der Handwerksmeister Dieter Lindemann aus Baiersbronn im Schwarzwald verdingen, der sich seiner guten Kontakte zum Bundespostminister Schwarz-Schilling und zum früheren Ministerpräsidenten Lothar Späth rühmte. Das Vorstandsmitglied der Kreishandwerkerschaft Freudenstadt und der Träger der Goldenen Ehrennadel des Elektrohandwerkes ließ sich seine sogenannten Beratungsdienste mit über einer Million Mark vergüten.

Profitiert von der Großzügigkeit der Gundlach & Sülter-Vorstände haben aber auch gute Freunde aus der Vertriebsbranche, wie beispielsweise der frühere Anlageberater Rolf Hoffmeister aus Achim bei Bremen. Nachdem ihm zunächst im Februar 1988 eine Geschäftsführertätigkeit in »einem bedeutenden Unternehmen der Gundlach & Sülter-Gruppe« mit Gehaltsaussichten von über 500 000 Mark jährlich angeboten worden war, schloß die Gundlach & Sülter AG im darauffolgenden Oktober mit der Maklerfirma Rita Hoffmeister einen Repräsentanzvertrag ab, der dieser ein Mindesthonorar in Höhe von 180 000 Mark sicherte. Als Gegenleistung war die Maklerfirma Hoffmeister lediglich verpflichtet, Abschlüsse von Grundstückseigentümern vorzubereiten (nicht etwa abzuschließen) und monatlich darüber zu berichten, was nur sporadisch geschah. Die Erfolglosigkeit seines Freundes Hoffmeister honorierte Gundlach dann noch mit einer Autotelefonanlage, die er ihm – selbstverständlich auf Firmenkosten – schenkte.

Zu den bestverdienenden Beratern gehörten die Kapitalmarktprofis Harro Lein und Rainer Burmeister. Beide hatten es in der Abschreibungsbranche bereits zu zweifelhaftem Ruf gebracht. Als Vertriebskoordinatoren der Gundlach & Sülter AG vereinnahmten sie sogenannte Superprovisionen für diverse Beratungsaufgaben wie die Akquisition von Vertriebsbeauftragten für den

Verkauf von Anlagen und die Durchführung von Vertriebstagungen. Für ihre Tätigkeiten zahlte die Gundlach & Sülter AG an sie fast 6 Millionen Mark. Eine weitere ebenfalls gut dotierte Stütze des Gundlach & Sülter-Anlagevertriebs war Georg Oppermann aus Bad Soden, der sich Mitte der achtziger Jahre mit Bauherrenmodellen übernommen hatte und Konkurs anmelden mußte.

Mit Hilfe großzügig bemessener Honorare und Provisionen war so ein Beziehungsgeflecht entstanden, in dem rechtliche, steuerliche und vertriebliche Aufgaben in einer nahezu kontrollfreien Sphäre im Sinne der Gundlach & Sülter-Verantwortlichen erledigt wurden. Gundlach und Sülter wirtschafteten aus dem Vollen und ließen es an nichts fehlen. Auf dem Programm der Gundlach & Sülter AG standen workshops im Hotel Atlantic Hamburg, Floßfahrttagungen in München und eine Reise mit der Finjet von Travemünde nach Helsinki, mit denen die Mitarbeiter des Anlagevertriebs bei Laune gehalten wurden. Schließlich waren sie es, die durch den Verkauf der Kapitalanlagen den Grundstock für die Umsätze der Gundlach & Sülter AG bildeten.

Zweck dieser Veranstaltungen war es, die auf selbständiger Basis arbeitenden Anlageberater auf die »Gundlach & Sülter-Firmenphilosophie« einzuschwören und ihnen die »erstklassigen Anlageprojekte« näherzubringen. Regten sich bei ihnen hie und da Zweifel an der Solidität und Sicherheit der Anlageobjekte, so wurden diese beim Glas Sekt oder Wein in angenehmer Umgebung ausgeräumt.

Kongreßveranstaltungen mit höchst politischer Prominenz, wie dem früheren Bundeswirtschaftsminister Haussmann, exklusive Vortragsveranstaltungen, Grünkohlessen und Weinproben rundeten den auf die Demonstration von Wohlstand ausgerichteten Stil des Unternehmens ab. Ein besonderes gesellschaftliches »Highlight« war eine Galaveranstaltung »Life in Cabaret« in einem hannoverschen Nobelhotel mit Candlelightdinner, Ballett und Modenschau, ausgerichtet von der Ehefrau Gundlachs, der NDR-Fernsehmoderatorin Alida. Zu diesem gesellschaftlichen Ereignis kamen fast 200 Gäste aus Wirtschaft und Politik.

Verschwenderisch ging man mit den Firmengeldern auch bei Auslandsreisen um. Diese führten bis nach Asien und in den

Orient. So reiste das Ehepaar Gundlach zum Jahreswechsel 1988/89 nach Oman und rechnete dafür Kosten von 34 000 Mark über die Firma ab. Erst nachdem die Abschlußprüfer und der Aufsichtsrat der Gundlach & Sülter AG nicht überzeugt werden konnten, daß die Weihnachtsreise in den Orient rein geschäftlichen Zwecken diente, sah sich das Ehepaar Gundlach genötigt, diese Kosten ein halbes Jahr später zurückzuzahlen. Als kleines Trostpflaster genehmigte sich Gundlach daraufhin zusammen mit seinem Vorstandskollegen Sülter einen Segeltörn für über 7000 Mark auf Firmenkosten.

Eine weitere, häufig bei dubiosen Kapitalanlagegeschäften mit Abschreibungscharakter anzutreffende Strategie, Gelder zu transferieren, ist die Gründung von Tochterfirmen. Der Kapitalmarktexperte Helmut Kapferer spricht in diesem Zusammenhang von der »Netzwerkstrategie«. Auch die Gundlach & Sülter-Verantwortlichen haben es in kürzester Zeit geschafft, ein wahres »Firmenimperium« aufzubauen. Unermüdlich erwarben sie Firmenbeteiligungen und gründeten neue Tochtergesellschaften. Das »Gundlach & Sülter-Netzwerk« umfaßte Ende 1989 fast 40 Firmenbeteiligungen, worunter auch etliche in ihrem alleinigen Besitz waren. Durch Herausstellung der weitverzweigten Firmenstruktur in den Prospekten wurde der Eindruck von Wirtschaftsstärke und Marktmacht verbreitet. Hinter den auffälligen Schaubildern und klangvollen Firmennamen verbargen sich indes größtenteils verlustträchtige Geschäfte, die zudem zum Teil in Wirklichkeit nicht einmal von den Firmen selbst, sondern von Außenstehenden betrieben wurden.

Dies wird besonders deutlich am Beispiel der Neue Medien Programm GmbH (NMP), einer hundertprozentigen Tochterfirma der Gundlach & Sülter AG. Im Geschäftsbericht 1987 wird ihre Gründung mit der Notwendigkeit begründet, ein »zweites Bein« zu schaffen. Das Ziel der Gesellschaft sei die »Produktion und weltweite Vermarktung hochwertiger Fernsehprogramme«. Die Wirklichkeit sah allerdings ganz anders aus.

Die Gundlach & Sülter AG hatte im Sommer 1987 von ihrem Vertriebskoordinator Harro Lein für 51 000 Mark den Firmenmantel Trilion Film Video Production GmbH erworben und ihr den

Namen Neue Medien Programm GmbH (NMP) gegeben. Die einzige Aufgabe dieser Firma bestand darin, eine 52 Folgen umfassende Zeichentrickfilmserie zu erwerben und zu vermarkten. Als Lieferant der Serie wurde die ECP European Cartoon Production mit Sitz in Liechtenstein eingeschaltet. Mit der ECP wurde ein Vertrag geschlossen, wonach diese ihre Rechte an einer Zeichentrickfilmserie an die NMP übertragen sollte. Durch diesen Vertrag wurden erhebliche Mittel von der Gundlach & Sülter AG abgezweigt. Zunächst wurde die NMP von ihrer Muttergesellschaft mit Gesellschaftskapital und Darlehensbeträgen in Millionenhöhe ausgestattet. Die NMP verpflichtete sich sodann, für die Urheberrechte der Zeichentrickfilmserie und die Finanzierung der Produktion 550 000 US $ und außerdem für jede ordnungsgemäß abgelieferte unsynchronisierte Folge weitere 170 000 US $ Zug um Zug gegen Lieferung zu zahlen. Als Produzent für die ECP trat der mit Harro Lein befreundete Rudolf Novotny auf. In der Folgezeit wurden von der Gundlach & Sülter AG Schecks in Höhe von über 5 Millionen Mark auf Dollarbasis an die ECP bzw. Herrn Novotny ausgestellt. Die angeblich »hochwertige Filmserie« wurde in Wirklichkeit dann aus Taiwan bezogen, wobei es sich um eine Billigproduktion mit erheblichen Qualitätsmängeln handelte.

Natürlich hätte die Gundlach & Sülter AG nicht eigens eine Firma gründen müssen, um eine von einem Dritten hergestellte Zeichentrickfilmserie zu kaufen und weiterzuveräußern. Diese Konstruktion hatte aber den Vorteil, daß Gundlachs Ehefrau Alida als Geschäftsführerin der NMP – ab 1989 für ein Jahresgehalt von 150 000 Mark – bestellt werden konnte. Trotz ihrer hochdotierten Geschäftsführertätigkeit hatte Frau Gundlach daneben noch Zeit, Moderationen und Präsentationen zu veranstalten. So moderierte sie während ihrer Tätigkeit für die Firma ihres Ehemannes den Modeball Goslar, Veranstaltungen der Hannover Finanz und des Cash Verlages. Dafür erhielt sie zusätzliche Honorare zwischen 14 000 und 21 000 Mark. Außerdem war sie als »Architektin«, »Bauplanerin« und »Statikerin« für die Gundlach & Sülter AG tätig und stellte der Firma dafür über 60 000 Mark in Rechnung.

Ein weiteres ebenfalls wenig erfolgreiches, dafür aber kostenträchtiges Tochterunternehmen wurde Ende 1988 mit der Communication Distribution Systems GmbH (CDS) gegründet. Ziel dieser gemeinsamen mit der Handwerksfirma Neuberger Nachrichten- und Antennentechnik, München, gegründeten Gesellschaft sollte es sein, ein zuvor von Herrn Neuberger erworbenes Patent zu vermarkten. Bei diesem Patent handelte es sich um eine sogenannte »schlaue Dose«, die in Kabelnetzen die individuelle Zu- und Abschaltung von Programmpaketen ermöglichen sollte. Obwohl die Patentanwälte Kern & Partner, München, mit Schreiben vom 24.11.1988 erklärten: »Nichtsdestoweniger kann nicht ausgeschlossen werden, daß ein bislang nicht berücksichtigter Stand der Technik in Form von unveröffentlichten Druckschriften oder Vorbenutzung existiert, der die Rechtsbeständigkeit des Patents infrage stellen kann. Das Patent kann darüber hinaus bis zum 12.2.2007 mit Nichtigkeitsklage angegriffen werden«, schlossen die Gundlach & Sülter-Vorstände in dem Kaufvertrag über das Patent, für das sie 2 Millionen Mark zahlten, Neuberger von jeglichen Gewährleistungsansprüchen nach dem 31.12.1990 aus. Sie sicherten Neuberger die Überweisung des Kaufpreises in voller Höhe innerhalb von 2 Wochen zu und setzten sich über die Bedenken der Patentanwälte leichtfertig hinweg. In der Folgezeit bestätigte sich dann, daß das Patent von zweifelhaftem Wert und technisch unausgereift war.

Anfang 1989 gründete die Gundlach & Sülter AG, die sich inzwischen bundesweit als »führendes Unternehmen im Bereich der regionalen Kabelgesellschaften« bezeichnete, eine weitere Tochterfirma, die Direct-Sat GmbH. Mit dieser Firma wollten die Gundlach & Sülter-Manager eine »besonders interessante Marktlücke« füllen und Einzelsatelliten-Empfangsanlagen vertreiben. Doch auch das erwies sich als ein problematisches Unterfangen, weil es auf die starke Konkurrenz des Fachhandel stieß und hohe Werbe- und Personalkosten verschlang. Der von den Vorständen beabsichtigte Verkauf von 50000 Satellitenanlagen in drei Jahren konnte nicht annähernd erreicht werden. Der geplante Umsatz, mit dem der kapitalintensive Bau eigener Kabelnetze mitfinanziert werden sollte, blieb aus. Nach einem Jahr waren nicht einmal 400 Anlagen verkauft, dafür aber Verluste von über 1 Million Mark aufgelaufen.

Für einige zahlte sich das Beziehungsgeflecht und die Gründung verlustträchtiger Tochter- und Beteiligungsfirmen dennoch aus. Fast 30 Millionen Mark flossen in kurzer Zeit an einen kleinen Kreis Begünstigter. Bei einem Grundkapital von 12 Millionen Mark war das baldige finanzielle Ende der AG damit vorprogrammiert.

In dem nach außen hin aufrecht erhaltenen Schein einer heilen Welt der Gundlach & Sülter AG schlug im September 1988 ein Artikel in der »Zeit« wie eine Bombe ein. Unter dem Titel »Mit Millionen jongliert« berichtete die Redakteurin Marie-Luise Hauch-Fleck über fragwürdige Offerten, mit denen private Anleger ins Kabelgeschäft gelockt würden. Frau Hauck-Fleck hatte herausgefunden, daß ein Teil des Geldes der Anleger über Umwege an die Gundlach & Sülter AG zurückfloß.

Die beiden Vorstände gaben sich empört über die Ausführungen der Redakteurin. Besonders ärgerte sie die Feststellung, daß es sich bei der Gundlach & Sülter-Konstruktion um eine »neue Spielart von Abschreibungsgesellschaften« handele und die Firmengründer Abschreibungsexperten seien. Wie in der Branche üblich, nämlich Kritiker mit Hilfe einstweiliger Verfügungen niederzuhalten, beschlossen Gundlach und Sülter, diesen Weg zu gehen. Zunächst beauftragten sie die ihnen bereits geschäftlich verbundene Düsseldorfer Treuhand-Gesellschaft Altenburg & Tewes mit einer gutachterlichen Stellungnahme, ob es sich bei den von der Gundlach & Sülter AG unterbreiteten Angeboten um eine Art von Abschreibungsgesellschaften handelte. Die bereits mit den Prospektprüfungsberichten der drei Medienfonds beauftragten Gutachter aus Düsseldorf kamen – wie nicht anders zu erwarten – zu keinem nachteiligen Ergebnis. »Die von der Gundlach & Sülter AG vermittelten Kapitalanlagen unterscheiden sich in keiner Weise von Beteiligungen an sonstigen mittelständischen Personengesellschaften«, stellten sie in ihrem Gutachten fest. Bei den von der Gundlach & Sülter AG vermittelten Beteiligungen handele es sich keineswegs um Beteiligungen an einer Spielart von Abschreibungsgesellschaften. Kennzeichnend für Abschreibungsgesellschaften sei nämlich die Erwartung der Anleger, eine bestimmte Zeitlang Verluste, die sich allein durch die Anwendung steuerrechtlicher Vorschriften ergeben, zugewiesen zu erhalten. Primärer Zweck sei daher die Erzielung von Verlusten, nicht aber von Gewinnen. Anleger von Abschreibungsgesellschaften würden durch möglichst hohe Steuerverlustofferten unter Hintanstellung des wirtschaftlichen Hintergrundes geworben. Genau dies sei aber bei den Angeboten der Gundlach & Sülter AG anders, die schließlich hohe Renditen versprächen.

Den Gutachtern schien entgangen zu sein, daß durch Beschluß des Bundesfinanzhofes aus dem Jahre 1984 Abschreibungsobjekte ohnehin nur dann noch steuerlich anerkannt werden, wenn auch Gewinne und eben nicht nur Verluste angestrebt werden. Auch waren den Anlegern von der Gundlach & Sülter AG sehr wohl Verlustzuweisungen in beachtlicher Höhe versprochen worden. In den Anlegerprospekten wurden steuermindernde Verlustanteile ausgewiesen, die bei einer Beteiligung in Höhe von 100 000 Mark immerhin bis zu 75 594 Mark ausmachen können. Den Gundlach & Sülter-Vorständen kam das Gutachten natürlich für die von ihnen beabsichtigte gerichtliche Auseinandersetzung mit der »Zeit« mehr als gelegen.

Der Aufsichtsrat dagegen empfahl, einfach Gras über die Sache wachsen zu lassen. Anders als der Vorstand war er nämlich der Meinung, daß das von der Gundlach & Sülter AG geschaffene Fondskonzept Abschreibungscharakter habe, was sich kaum ernstlich bestreiten lasse. Insbesondere Herr Schandelmaier von der HANNOVER Finanz sprach sich dafür aus, die Situation »nüchtern und cool zu betrachten«. Die HANNOVER Finanz habe die Erfahrung gemacht, daß es in derartigen Fällen am besten sei, gar nicht zu reagieren. Bekanntlich seien die Leser vergeßlich. Deshalb solle man auf eine Gegendarstellung lieber verzichten.

Doch die beiden Vorstände bestanden darauf, sich juristisch zur Wehr zu setzen. Sie strengten eine Unterlassungsklage gegen die »Zeit« an, die jedoch einige Monate später weitgehend abgewiesen wurde, was die Vorstände aber nicht hinderte, fortan von einem »gewonnenen Prozeß« zu sprechen.

Immerhin war der Aufsichtsrat durch den Zeitungsartikel aufgeschreckt worden. Er legte dem Vorstand nahe, die wahre Höhe der Vorstandsbezüge, die weiteres unliebsames Aufsehen erwecken könnten, auf keinen Fall gegenüber der Öffentlichkeit zu offenbaren. Obwohl der Aufsichtsrat intern die Auffassung teilte, daß es sich um ein Abschreibungskonzept handele, erklärte der Aufsichtsratsvorsitzende Bernau in der Kapitalanlagezeitschrift »Cash«, der »Angriff« der »Zeit« sei völlig unqualifiziert. Die beiden Vorstände, von der »Zeit« als Abschreibungsexperten entlarvt, lobte er als »echte mittelständische Unternehmer« mit einem Feeling für Erfolg. Spekulationen hinsichtlich der Solidität der Gundlach & Sülter AG trat Bernau entschieden entgegen. Die Gundlach & Sülter AG – so versprach er – werde im Interesse der Aktionäre und auch der Anleger »noch lange am Leben bleiben«.

Die geschönten Erklärungen des Aufsichtsratsvorsitzenden vermochten die dunklen Wolken am Kabelhimmel jedoch nicht auf Dauer zu vertreiben. Es sprach sich herum, daß die mit Hilfe der Anlegergelder finanzierten Kabelgesellschaften in immer größere finanzielle Bedrängnis gerieten. Auch die Gundlach & Sülter AG selbst kam immer mehr ins Gerede. Handwerker klagten über unbezahlte Rechnungen, und die Banken wurden angesichts der unverkennbar zunehmenden Liquiditätsprobleme unruhig.

Der Aufsichtsrat konnte im Frühjahr 1989 nicht länger tatenlos zusehen. Er entschloß sich, die Buchhaltung der AG zu überprüfen. Dies geschah am Fronleichnamstag 1989 durch den Aufsichtsratsvorsitzenden Dr. Bernau persönlich. In einem Bericht über seine Prüfung an seine Aufsichtsratskollegen stellte er, der noch wenige Monate zuvor die Herren Gundlach und Sülter als erfolgreiche mittelständische Unternehmer gewürdigt hatte, jetzt fest: »Die Herkunft der beiden Vorstände aus dem Abschreibungsmilieu ist unverkennbar. So wie bisher kann es jedenfalls nicht weitergehen«.

Auch die gemeinsamen Bemühungen Bernaus und der Hannover Finanz, die Gundlach & Sülter AG mit Hilfe der Deutschen Bank an die Börse zu bringen, waren im Frühjahr definitiv gescheitert. Damit rückten aber auch die erhofften Spekulationsgewinne für die beiden Hauptaktionäre in weite Ferne. Dies war ohne Zweifel ein wichtiger Grund dafür, daß die Aufsichtsräte, die fast drei Jahre dem Verschwendungsgebaren des Vorstandes tatenlos zugesehen und es teilweise sogar noch gefördert hatten, nun plötzlich auf Distanz gingen. Das gute Einvernehmen zwischen Aufsichtsrat und Vorstand war gestört, erstmals traten Unstimmigkeiten offen zutage.

Ein weiteres kam hinzu. Zu Beginn des Jahres 1989 waren die Vertriebskoordinatoren Lein und Burmeister Kleinaktionäre der Gundlach & Sülter AG geworden. Hieraus erwuchs erheblicher Ärger. Auf einer Anfang Juli durchgeführten Hauptversammlung verweigerten sie dem Vorstand und Aufsichtsrat Entlastung. Sie kündigten an, daß sie die für das Jahr 1988 festgestellte Bilanz wegen offensichtlicher Unregelmäßigkeiten nicht mittragen würden. Nachdem der Aufsichtsrat durch Mehrheitsbeschluß – vor allem mit Hilfe der beiden im Aufsichtsrat vertretenen Hauptaktionäre – dennoch Entlastung erteilte, erhoben Lein und Burmeister Anfechtungs- und Nichtigkeitsklage gegen die Entlastung. Gleichzeitig stellten sie Antrag auf Sonderprüfung der Bilanz 1988 gegen die Gundlach & Sülter AG.

Auch in den drei Fondsgesellschaften häuften sich die Probleme. Auf einer Gesellschafterversammlung der drei Medienfonds im August 1989 mußten Aufsichtsrat und Geschäftsführung den Anlegern über erhebliche Planabweichungen in den Kabelgesellschaften berichten. Als Hauptschuldiger wurde vom Aufsichtsrat und der Fonds-Geschäftsführung die Post ausgemacht. Ausschließlich in einer geänderten Postpolitik seien die Schwierigkeiten begründet. Die Tatsache, daß die Kabelgesellschaften durch Verträge mit der Gundlach & Sülter AG und anderen sogenannten Dienstleistern finanziell ausgeblutet waren, verschwiegen die Gundlach & Sülter-Verantwortlichen geflissentlich. Auch die hausgemachten Probleme einiger Kabelgesellschaften wie der Kabelcom Würzburg, bei der das wirtschaftliche Desaster bereits bei der Gründung vorprogrammiert war, wurden vertuscht. Man wolle die Post nun zwingen, ihre Politik zu ändern, um die Kabelgesellschaften zu sanieren. Man habe den Kabelgesellschaften sogar mit der Sperre von fälligen Kapitaleinzahlungen gedroht, um auf diese Weise die Posttochter TKS zu Verhandlungen an den Tisch zu bekommen, wurde den Anlegern mitgeteilt.

Ziel der Verhandlungen mit der TKS war es, die Anteile der Medienfonds an den Kabelgesellschaften an die Posttochter zu verkaufen. Dies war zweifelsohne ein besonders geschickter Schachzug. Die mit Hilfe der Medienfonds gegründeten Kabelgesellschaften hatten, ihre »Aufgabe« erfüllt, indem sie über die Finanzierungsbeschaffungsverträge der Gundlach & Sülter AG zu Millioneneinnahmen verholfen hatten. Nun sollte die Posttochter die finanziell ausgebluteten Gesellschaften übernehmen und die Anlegergelder zu einem möglichst großen Teil zurückerstatten. Die Anleger reagierten verständlicherweise verärgert auf die Berichte der Geschäftsführung und Aufsichtsräte, war doch bis dahin immer die besonders vertrauensvolle Zusammenarbeit mit der Post hervorgehoben worden. Dennoch gelang es Dr. Bernau, mit der Zusicherung, »die wirtschaftliche Basis für gemeinsame Lösungen mit der Post schaffen zu wollen«, die Anleger vorerst zu beruhigen.

Dem Aufsichtsrat war jedoch nun endgültig klar, daß die Zeit gekommen war, nach außen sichtbare Zeichen für einen Neubeginn bei der Gundlach & Sülter AG und in den Medienfondsgesellschaften zu setzen. Er beschloß deshalb, sich zum nächstmöglichen Zeitpunkt von den beiden ins Gerede gekommenen Vorständen zu trennen und neue Vorstandsmitglieder zu berufen.

Das bisher mit Erfolg in der Öffentlichkeit aufrechterhaltene Bild einer heilen Kabelwelt bei der Gundlach & Sülter AG und in den Medienfondsgesellschaften hatte Risse bekommen. Für den Aufsichtsrat ging es nun darum, sich möglichst unbeschadet aus dem Kabelengagement zurückzuziehen. Gleichzeitig mit der Suche nach neuen Vorstandsmitgliedern bemühten sich die beiden Hauptaktionäre, einen Käufer für die von ihnen gehaltenen Aktien zu finden. Das Rückzugsgefecht begann.

Teil II
Meine 100 Tage bei der Gundlach & Sülter AG
September 1989 – Januar 1990

1. Ein Sündenbock wird gefunden

Es ist sehr wichtig, alle Sündenböcke abzuschaffen.
Shelden B. Kopp

Nach dem Zusammenbruch der Gundlach & Sülter AG bin ich oft gefragt worden, warum ich aus einer gesicherten Position beim Land Niedersachsen ausgerechnet in den Vorstand eines bankrotten und zudem unsoliden Unternehmens gegangen sei. Mir ging es ähnlich wie vielen Anlegern. Auch auf mich wirkten die finanzstarken Aktionäre vertrauensbildend. Niemals wäre ich auf den Gedanken gekommen, daß hochkarätige Unternehmen wie der HDI und die BB Kapitalbeteiligungsgesellschaften ihren Namen für eine in Wirklichkeit nach dem IOS-Konzept gestaltete Abschreibungsgesellschaft hergeben. Ich ging davon aus, daß es sich bei der Gundlach & Sülter AG um ein Verkabelungs- und Medienunternehmen handelt. Auch hielt ich es zum damaligen Zeitpunkt für völlig abwegig, daß ausgerechnet Aufsichtsräte, die die Geschäftsführung renommierter Unternehmen stellten, jemanden vorsätzlich aus einem sicheren Arbeitsverhältnis in ein Konkursunternehmen holen könnten.

Noch etwas anderes kam hinzu. Ich kannte das Gundlach & Sülter-Aufsichtsratsmitglied Manfred Haenel sehr gut. Er war für mich eine Vertrauensperson. Ich hatte Herrn Haenel vor über zehn Jahren, als ich Verkabelungsreferentin im niedersächsischen Wirtschaftsministerium war, als Geschäftsführer der niedersächsischen Firma Fuba communication kennengelernt. Seither bemühte ich mich, ihn und sein Unternehmen zu unterstützen, wann immer sich die Möglichkeit dazu ergab. Fuba war als aufstrebendes, dynamisches Unternehmen aus Sicht der Landesregierung besonders förderungswürdig, vor allem im Hinblick auf Arbeitsplatzzuwächse.

So war ich sehr häufig zu Besuch in seiner Firma, u.a. als Begleiterin hochkarätiger Politiker, z.B. des ehemaligen Ministerpräsidenten Ernst Albrecht, Birgit Breuel und anderer Prominenter. Auch war ich mehrmals auf seinen Geburtstagsfeiern, und wir telefonierten häufig miteinander. Ich hatte Herrn Haenel deshalb auch über meinen Wunsch informiert, nach langjähriger Tätigkeit in der Verwaltung vorübergehend oder sogar auf Dauer in der Wirtschaft tätig zu sein.

Ende Juni 1989 – kurz zuvor hatte Dr. Bernau ihn und Herrn Schandelmaier über die Ergebnisse seiner »Fronleichnamsrevision« informiert – rief mich Herr Haenel zu Hause an. Er habe einen äußerst attraktiven Vorstandsposten bei der Gundlach & Sülter AG für mich, ließ er mich wissen. Es gebe Probleme mit den beiden Vorständen Gundlach und Sülter und man brauche unbedingt ein seriöses Vorstandsmitglied, dem man uneingeschränkt vertrauen könne, das die Postverhandlungen führe und sich vor allem um die Öffentlichkeitsarbeit kümmere. Zusätzlich habe der Aufsichtsrat ein weiteres Vorstandsmitglied für Finanzen und Controlling berufen. Da ich aus meiner langjährigen Tätigkeit als Referentin für die Verkabelung und das Postwesen im niedersächsischen Wirtschaftsministerium über recht gute Kenntnisse im Verkabelungswesen verfüge, habe er mich seinen Kollegen im Aufsichtsrat empfohlen. Er, Haenel, wisse schließlich aufgrund unserer langjährigen Zusammenarbeit, was ich könne und halte mich für die geeignete Person. Haenels Vorschlag erschien mir außerordentlich interessant. Er sprach von einer »einmaligen Chance und hochinteressanten Aufgabe«.

Wenige Tage später, am 5. Juli um 18 Uhr, fand ich mich auf Veranlassung Haenels im Büro von Dr. Bernau in Hannover ein, um mich ihm und Schandelmaier vorzustellen. Später habe ich den Aufsichtsratsprotokollen entnommen, daß dieses Vorstellungsgespräch eine reine Farce war. Bereits vor dem ersten Gespräch mit mir hatte der Aufsichtsrat beschlossen, mir ein Angebot für eine Vorstandstätigkeit zu unterbreiten. Es ging dem Aufsichtsrat gar nicht um ein qualifiziertes Vorstandsmitglied, sondern man wollte einzig und allein irgendeine »Vorzeigeperson« finden, um »eine nach außen hin fällige Signalwirkung zu setzen und die Banken zu beruhigen«, wie Bernau seinen Aufsichtsratskollegen schrieb. Vielleicht hätte ich bereits bei diesem ersten Gespräch mißtrauisch werden müssen. Zeugnisse oder Qualifikationsnachweise wurden von mir nicht verlangt und auch keine Fragen zu meiner Person gestellt. Ich führte das damals auf den starken Einfluß von Haenel im Aufsichtsrat zurück. Ein fataler Irrtum, wie sich später herausstellte.

Den größten Teil des knapp zweistündigen ersten Gesprächs bestritt Dr. Bernau, unangefochten die Nummer 1 im Aufsichtsrat. Er beklagte vehement das fehlende Kostenbewußtsein und den chaotischen Arbeitsstil der Vorstände. Auch passe ihm ihre Herkunft aus dem Abschreibungsmilieu gar nicht. Bei der Gundlach & Sülter AG handele es sich schließlich um ein Verkabelungsunternehmen mit seriösen Aktionären, die mit Abschreibungsexperten wie Gundlach und Sülter nichts zu tun haben wollten. Leider sei er erst durch einen Bericht in der »Zeit«, der im übrigen in wesentlichen Punkten falsch sei, mit der unrühmlichen Herkunft der beiden Vorstände aus dem Abschreibungsmilieu konfrontiert worden. Nun wolle man einen Neubeginn mit neuen Vorständen machen. Die Hauptversammlung werde auf ihrer nächsten Sitzung eine Kapitalerhöhung von mindestens 6 Millionen Mark beschließen. Er, Bernau, und die HANNOVER Finanz als zweiter Hauptaktionär erwägten sogar eine noch höhere Kapitalerhöhung. Man glaube an die Zukunft des Unternehmens und wolle es deshalb am notwendigen Kapital nicht fehlen lassen.

Mir erschien es durchaus einleuchtend, daß der Aufsichtsrat neue Vorstandsmitglieder berufen wollte. Auch die Zusage der Aufsichtsräte, die beiden bisherigen Vorstände nach Ende meiner Einarbeitungszeit von rund 100 Tagen abzuberufen, war für mich gut nachvollziehbar. Wie hätte ich ahnen können, daß die Gundlach & Sülter AG am Ende meiner Einarbeitungszeit gar nicht mehr existieren würde?

Ich gewann den Eindruck, der Aufsichtsrat wolle sich aus gutem Grunde von einem unliebsam gewordenen Vorstand trennen und glaubte den Worten Bernaus, daß man eine Neuorientierung des Unternehmens mit einem neuen Vorstand beabsichtige. Wir sprachen sogar über einen neuen Firmennamen. Ich schlug den Namen

Hannover Kabel vor, in Anlehnung an die HANNOVER Finanz. Auch über mein Gehalt erzielten wir problemlos Einvernehmen. Am liebsten hätte der Aufsichtsrat es gesehen, wenn ich noch am gleichen Tag den Vorstandsvertrag unterschrieben hätte. Das ging mir dann aber doch zu schnell. Ich bat um einige Tage Bedenkzeit und ließ mir einige Unterlagen, so auch die Bilanz für das Geschäftsjahr 1988 aushändigen. Ich glaubte den Bekundungen der Aufsichtsräte, man halte mich aufgrund meiner langjährigen Erfahrungen im Verkabelungswesen für sachkompetent und freute mich über das attraktive Angebot dieser »netten, seriösen Manager«, die vorgaben, einer tüchtigen Frau eine Chance geben zu wollen. Niemals hätte ich auch nur im entferntesten daran gedacht, daß ausgerechnet diese »hochkarätigen Unternehmerpersönlichkeiten der ersten Garnitur« mich in eine Falle locken würden.

In den nächsten Tagen machte ich mich mit den mir überlassenen Unterlagen, insbesondere der Bilanz vertraut. Dabei stellte ich fest, daß die Finanzlage des Unternehmens recht angespannt war. Auch wurde mir bald klar, daß die beiden Vorstände nicht gerade eine sparsame Ausgabenpolitik betrieben. Doch immerhin wies die Bilanz noch einen Gewinn in Höhe von über zwei Millionen Mark aus und es stand eine Kapitalerhöhung in Millionenhöhe ins Haus. Auf den Gedanken, daß die mir überreichte Bilanz geschönt bzw. schlichtweg falsch sein könnte, bin ich überhaupt nicht gekommen. Erst viele Monate später erfuhr ich von den Fragwürdigkeiten dieser Bilanz.

Was der Aufsichtsrat mit meiner Berufung in Wirklichkeit bezweckte, ist mir erst später klar geworden. Er wollte gegenüber der Öffentlichkeit und den Anlegern den Eindruck erwecken, daß die Hauptaktionäre weiter voll hinter dem Unternehmen stehen, und Zeit für sie gewinnen, ihre Aktien zu verkaufen. Bereits zu diesem Zeitpunkt führte Bernau nämlich Gespräche mit der SUEZ-Gruppe mit dem Ziel, seine und möglichst auch die Aktien der HANNOVER Finanz zu verkaufen. Einige Monate später erfuhr ich dann auch, daß Bernau und Schandelmaier sich noch vor meinem Einstieg bei der Gundlach & Sülter AG auch mit dem Vorstandsvorsitzenden der SÜWEDA AG in Mainz getroffen und über den Verkauf ihrer Aktien verhandelt hatten.

Nichts von alldem ahnend traf ich mich wenige Tage nach dem ersten Gespräch mit Herrn Schandelmaier in dessen Büro. Meine Bedenken hinsichtlich der Bilanz 1988 und meine Hinweise auf die angespannte Finanz- und Liquiditätslage räumte Schandelmaier mit der von den Aktionären in Kürze geplanten Kapitalerhöhung aus. Man habe bis jetzt damit gewartet, weil man zunächst neue Vorstandsmitglieder berufen wollte. Vehement widersprach er auch meiner Befürchtung, daß die Hauptaktionäre angesichts des hohen Kapitalbedarfs und der offenkundigen Liquiditätsprobleme ihre Gundlach & Sülter-Beteiligungen über kurz oder lang verkaufen oder das Unternehmen liquidieren könnten. Dies könne sich die HANNOVER Finanz allein schon aus Imagegründen überhaupt nicht leisten. Immerhin sei gerade die Gundlach & Sülter-Beteiligung eine der bekanntesten Engagements der HANNOVER Finanz. Auch der HDI-Konzern werde das niemals mitmachen! Für mich klang das alles durchaus einleuchtend.

Für den darauffolgenden Abend lud Herr Schandelmaier mich zusammen mit meinem »Förderer« Haenel ins hannoversche Feinschmecker-Restaurant Lila Kranz ein. Bei Kerzenschein und Viergang-Menü räumten sie, die auf mich so sympathisch wirkenden Geschäftsmänner, letzte Bedenken bei mir aus. Es sei doch eine hochinteressante Aufgabe, die bei der Gundlach & Sülter AG auf mich wartete, und der Aufsichtsrat und die hinter ihm stehenden Unternehmen würden mich in jeder Beziehung unterstützen. Haenel fügte noch hinzu, daß ich solch eine großartige Chance kaum ein zweites Mal in meinem Leben erhalten würde. Noch vor dem Dessert gab ich den beiden meine Zusage, am 1. September bei der Gundlach & Sülter AG als Vorstand für Presse, Marketing und Postverhandlungen anzufangen. Wenige Tage darauf unterschrieb ich den Vertrag für eine fünfjährige Vorstandstätigkeit. Für meine Gutgläubigkeit und Vertrauensseligkeit habe ich später bitter büßen müssen.

Anfang August – also vor meinem Eintritt in den Vorstand – einigte sich Dr. Bernau mit Gundlach über dessen Ausscheiden. Bernau nutzte diese Gelegenheit, um über die Presse zu verlautbaren, daß die beiden Hauptaktionäre weiter voll hinter dem Unternehmen stünden und bereits ein neuer Vorstand berufen worden sei.

Gundlach verkündete in der Presse, daß das Unternehmen »prima laufe und lediglich verwaltet werden müsse«. Da er selbst aber noch nicht »im Rentenalter« sei, sei ihm das zu wenig kreativ. Nach außen hin wurde also auch jetzt wieder einvernehmlich der Eindruck eines gesunden, stabilen Unternehmens erweckt. Trotz katastrophaler Finanz- und Liquiditätslage sagte Dr. Bernau Gundlach dann auch noch eine halbe Million Mark als Abfindung aus AG-Mitteln zu.

Mich selbst bat Bernau für den 4. August morgens zu einem Gespräch in die Räume der Gundlach & Sülter AG, um mich den leitenden Mitarbeitern vorzustellen. Überraschenderweise erschien zu diesem Gespräch, eigens aus Hildesheim angereist, auch Herr Haenel. Ich interpretierte sein Kommen damals als »freundschaftliche Geste« mir gegenüber. Mein erster Eindruck von der Gundlach & Sülter AG war positiv. Die repräsentativen, geschmackvoll eingerichteten Büroräume in bester Innenstadtlage Hannovers und die gediegene Ausstattung mit Mahagonimöbeln und Holzvertäfelung wirkten auf mich als Zeichen von Wohlstand und Solidität.

Auch in diesem Gespräch blieben mir die eigentlichen Absichten, die der Aufsichtsrat mit meiner Berufung verfolgte, verborgen. Bernau verkündete den leitenden Mitarbeitern, die damals die Liquiditätsprobleme bereits zu spüren bekamen, Aufsichtsrat und Hauptaktionäre wollten durch meine Berufung deutlich machen, daß sie weiter voll hinter dem Unternehmen stehen. Er habe auch ganz bewußt eine Frau berufen, weil seine Tochter ihn von der Notwendigkeit überzeugt habe, mehr für die Förderung von Frauen im Management zu tun. Er sei sicher, daß ich die in mich gesetzten Erwartungen erfüllen werde. Nach dem Ausscheiden von Herrn Gundlach würde nun ein dreiköpfiger Vorstand, Klaus Sülter, Peter Mumme und Bettina Raddatz, die Geschicke des Unternehmens leiten.

Mit viel Optimismus und Freude auf die neue Aufgabe verabschiedete ich mich Anfang August 1989 von meinen Vorgesetzten und Kollegen beim Land Niedersachsen. Ich war entschlossen, meine neue Aufgabe mit Engagement anzugehen. Besonders freute ich mich auf die Zusammenarbeit mit dem Aufsichtsrat. Hätte mir damals jemand die Augen über dessen wahre Absichten und die tatsächliche Lage des Unternehmens geöffnet, ich hätte ihn vermutlich als unverbesserlichen Pessimisten oder ganz einfach mißgünstig abgetan.

Mein erster Arbeitstag bei der Gundlach & Sülter AG bestätigte meine Zuversicht. Von meinem relativ bescheidenen Amtszimmer in der Staatskanzlei zog ich in ein mit wertvollen Möbeln und modernsten Geräten ausgestattetes Luxusbüro um. Meine neue Vorzimmersekretärin, Frau B., die ich von Gundlach übernahm, begrüßte mich mit einem Blumenstrauß. Meine Kollegen Sülter und Mumme gaben sich betont kollegial. Bernau erkundigte sich telefonisch nach meinem Wohlergehen und gab sich väterlich-verständnisvoll. Ich hätte sein uneingeschränktes Vertrauen und könne »jederzeit mit jedem Problem« zu ihm kommen.

Mehr machte mir von Anfang an Widerstand aus den Reihen des Mittelmanagements der Gundlach & Sülter AG zu schaffen. Fragen von mir wurden teils gar nicht, teils ausweichend beantwortet. Der leitende Mitarbeiter S., der von Dr. Bernau ganz besonders geschätzt wurde, sagte mir unverblümt auf den Kopf zu, daß er es für eine »Zumutung halte, eine Frau, und dann auch noch aus einer Behörde, vor die Nase gesetzt zu bekommen«. Ich interpretierte ein solches Verhalten zunächst als Bestandteil der üblichen Abwehrmechanismen, mit denen Männer auch heute noch Frauen im Management das Leben schwer machen. In der zweiten Woche meiner Tätigkeit suchten mich jedoch meine beiden Vorstandskollegen Sülter und Mumme in meinem Büro auf. Sie müßten dringend mit mir sprechen. Die leitenden Mitarbeiter des Mittelmanagements »hätten sich massiv über mich beschwert«. Meine direkte Art, die Dinge anzugehen und unangenehme Fragen zu stellen, käme hier nicht gut an und ich solle mich mit kritischen Fragen in den ersten 100 Tagen besser zurückhalten, um die leitenden Mitarbeiter nicht zu verunsichern und zu demotivieren. Ich stellte daraufhin jeden einzelnen der leitenden Mitarbeiter zur Rede und bat darum, mir doch konkret zu sagen, welche kritische Frage ihn »verunsichert« oder »frustriert« habe. Dabei kam nicht viel heraus, da einzeln von mir befragt, jeder Mitarbeiter abstritt, sich über mich beschwert zu haben. Lediglich Herr S. sagte offen heraus, daß er mich für völlig inkompetent halte und schon deshalb Fragen von mir als Zumutung empfinde. Ich nahm das damals nicht allzu ernst, weil ich sicher war, die leitenden Mitarbeiter durch faires Verhalten, Offenheit und kooperativen Führungsstil für mich gewinnen zu können. Auch glaubte ich, die unterschwelligen Konflikte durch offene Gespräche abbauen zu können. Erst nach dem Konkurs wurde mir klar, daß es bei den leitenden Mitarbeitern gar nicht in erster Linie um geschlechtsspezifische oder Führungs-Konflikte ging.

Ein Teil dieser Mitarbeiter war über die Hintergründe der sich immer stärker abzeichnenden Misere bei der Gundlach & Sülter AG bestens informiert. Da einige dieser Mitarbeiter für das Controlling in den Kabelgeschäften verantwortlich waren, wußten sie auch um den dramatischen Wertverfall der Anlegergelder. Sie, die außergewöhnlich hoch dotiert und in die eingefahrenen Beziehungsstrukturen eingebunden waren, hatten verständlicherweise Schwierigkeiten mit einer Vorgesetzten, die sie nicht recht einzuordnen vermochten und die ihnen zudem heikle Fragen stellte. Da mir nicht bekannt war, daß es zwischen dem Aufsichtsratsvorsitzenden und diesen Mitarbeitern enge Verbindungen gab und hinter dem Rücken des Vorstandes sogar Besprechungen stattfanden, berichtete ich dem sich so wohlwollend-väterlich gerierenden und mir damals durchaus sympathischen Aufsichtsratsvorsitzenden offen über die Widerstände im Mittelmanagement. Damit gab ich mir eine Blöße, die Dr. Bernau in der Folgezeit rigoros gegen mich ausspielte. Er behauptete nämlich fortan, daß es mir nicht gelungen sei, zu den Gundlach & Sülter-Mitarbeitern »ein gutes Verhältnis« aufzubauen.

Schon wenige Tage nach meinem Arbeitsbeginn stellte ich fest, daß die Liquiditätsprobleme der Gundlach & Sülter AG sehr viel gravierender waren, als dies in den Vorgesprächen deutlich geworden war. Ich rechnete allerdings fest mit der vom Aufsichtsrat zugesagten Kapitalerhöhung. Als ausgerechnet Klaus Sülter auf einem Flug von Frankfurt nach Hannover von einer unmittelbar bevorstehenden Konkursgefahr sprach, glaubte ich, er wolle mich lediglich durch haltlose Übertreibungen verunsichern und das in meinen Augen noch ungetrübte Vertrauensverhältnis zum Aufsichtsrat belasten. Dennoch rief ich Schandelmaier an, der mich jedoch beruhigte. Selbstverständlich werde die Kapitalerhöhung in Kürze durchgeführt. Die HANNOVER Finanz und Bernau gewährten dann auch tatsächlich ein Überbrückungsdarlehen, das allerdings gerade so lange ausreichte, wie es den beiden Hauptaktionären aus eigenen wirtschaftlichen Interessen opportun erschien.

Die HANNOVER Finanz und Bernau hatten neben ihrer Absicht, ihre Aktien noch vor einem Crash zu verkaufen, einen weiteren gewichtigen Grund, die Gundlach & Sülter AG vorerst am Leben zu erhalten. Mit seiner Berliner Elektro war Bernau Initiator eines Firmenkonsortiums, das sich beim Bundespostminister um die gewinnträchtige Lizenz für das Mobilfunknetz D 2 bemühte. Neben der Berliner Elektro war auch die Gundlach & Sülter AG Mitglied dieses Konsortiums, und von ihr wurden auch die wesentlichen Vorarbeiten erbracht. Bernau rechnete sich für das Konsortium gute Chancen aus, da ihm namhafte mittelständische Firmen, wie die Krone AG aus Berlin und die Schneider Rundfunkwerke, angehörten.

Bernau bat mich, meine langjährigen Kontakte zu Bundes- und Landesbehörden im Sinne des Konsortiums zu nutzen. Ich verschaffte ihm und Sülter einen Termin beim damaligen niedersächsischen Wirtschaftsminister. Außerdem erhielt ich von Bernau den Auftrag, eine Pressekonferenz im Nobelhotel Luisenhof in Hannover zu arrangieren. Mit der Zusage, das Mittelstandskonsortium werde seinen Firmensitz in Hannover haben, versuchte Bernau, die Unterstützung der niedersächsischen Presse und Politik zu gewinnen.

Auch anläßlich dieser Ende September durchgeführten Pressekonferenz betonte Bernau ausdrücklich, daß bei der Gundlach & Sülter AG alles zum besten stehe. Das Konsortium – so verkündete er – wolle unter maßgeblicher Beteiligung auch der Gundlach & Sülter AG 300 Millionen Mark investieren. Da die Entscheidung über die Lizenzvergabe für dieses gewinnträchtige Milliardengeschäft erst für Anfang Dezember 1989 anstand, mußte Bernau alles daransetzen, der Gundlach & Sülter AG den Anschein von finanzieller und wirtschaftlicher Stabilität zu geben.

Gemäß meinem Aufgabenbereich schaltete ich mich auch in die Verhandlungen mit der Posttochter TKS ein, um an sie die Beteiligungen der drei Medienfonds an den Kabelgesellschaften zu einem für die Anleger akzeptablen Preis zu verkaufen. Allerdings wurde ich weder vom Aufsichtsrat noch von Sülter über das tatsächliche Ausmaß der Misere in den Kabelgesellschaften aufgeklärt. Vielmehr vermittelten sie mir den Eindruck, allein die Post sei schuld an der problematischen Entwicklung auf dem Kabelmarkt. Sozusagen als Zeichen ihrer Schuldanerkenntnis und Wiedergutmachungsabsicht wolle die TKS nun die Anteile der Fonds an den Kabelgesellschaften erwerben, was ich arglos glaubte.

Von mir wurde erwartet, meine politischen Kontakte in die Waagschale zu werfen, um einen möglichst hohen Preis für die Fonds und damit letztlich für die Anleger zu erzielen. Da ich die Geldabräumverträge und die dadurch bedingte katastrophale Lage der Kabelgesellschaften damals nicht kannte, bemühte ich mich nach besten Kräften, einen möglichst hohen Verkaufspreis für die Beteiligungen der Medienfonds an den Kabelgesellschaften zu erzielen.

Bei meinen Gesprächen in Bonn und Frankfurt mit den Vertretern der TKS erfuhr ich erstmals von den brisanten Finanzierungsbeschaffungsverträgen, durch die ein Großteil der Anlegergelder aus den Kabelgesellschaften wieder an die Gundlach & Sülter AG zurückgeflossen war. Auch die von den Gundlach & Sülter-Vorständen und Mitarbeitern praktizierten »Starallüren«, angefangen von Erste-Klasse-Flügen bis hin zu Übernachtungen in 5-Sterne-Luxushotels waren bei den an Haushaltsrichtlinien gebundenen Mitarbeitern der TKS auf wenig Wohlwollen gestoßen. Meine Gesprächspartner mokierten sich über die von den Gundlach & Sülter-Vorständen und teilweise auch leitenden Mitarbeitern praktizierte Großmannssucht.

Diese Hinweise nährten meinen Argwohn gegenüber den Vorständen und leitenden Mitarbeitern und lenkten meine Aufmerksamkeit jetzt stärker auf die Finanzfragen. Für die Finanzen war der mir vom Aufsichtsrat als besonders durchsetzungsstark und kompetent angepriesene Vorstandskollege Peter Mumme zuständig, der zwei Monate vor mir zur Gundlach & Sülter AG gestoßen war. Durchsetzungswillen zumindest aber konnte ich beim besten Willen bei ihm nicht ausmachen. Er schien die Dinge lieber laufen zu lassen. Dazu mag beigetragen haben, daß uns durch eine im Juli 1989 beschlossene Satzungsveränderung der Aufsichtsrat fast jegliche Entscheidungskompetenz auf sich gezogen hatte. Der neue Vorstand durfte praktisch nichts ohne vorherige Zustimmung des Aufsichtsrates entscheiden. Sei es die Entlassung oder Einstellung von Personal, der Verkauf auch kleinster Beteiligungen, der Kauf von Firmenwagen, zu allem mußten wir vorher die Zustimmung des Aufsichtsrates einholen.

Ungefähr sechs Wochen nach meinem Eintritt in den Vorstand der Gundlach & Sülter AG berichtete mir der für das Controlling der Kabelgesellschaften verantwortliche Mitarbeiter L., daß ein Großteil der angeblich sicheren Forderungen der Gundlach & Sülter AG gegenüber den Kabelgesellschaften nicht eintreibbar sei. Etliche Kabelgesellschaften seien nicht in der Lage, die ausstehenden Millionenbeträge an die Gundlach & Sülter AG zu zahlen. Sie befänden sich in erheblicher finanzieller und wirtschaftlicher Bedrängnis, teilweise seien sie sogar akut konkursgefährdet. Bei dieser Gelegenheit erfuhr ich erstmals von den Ungereimtheiten bei der Kabelcom Würzburg. Unverblümt äußerte Herr L. die Vermutung, daß die Bilanz 1988 der Gundlach & Sülter AG geschönt sei. In mein Erschrecken mischte sich die Befriedigung, daß einer der Mitarbeiter, der mir bislang ablehnend gegenübergetreten war, mich nun immerhin ins Vertrauen zog. Gefragt, weshalb er nicht längst mit Sülter und Mumme über die Angelegenheit gesprochen habe, zuckte er nur mit den Achseln: Das habe er schon vor Wochen getan, doch die schienen davon nichts wissen zu wollen. Als ich daraufhin selbst bei Mumme vorstellig wurde, zeigte er in der Tat wenig Neigung, sich dieses heiklen Themas anzunehmen. Er sehe zur Zeit keinen Handlungsbedarf, ließ er mich wissen. Dieses Thema könne doch noch im Frühjahr 1990 im Zusammenhang mit der Bilanzaufstellung für 1989 diskutiert werden. Ich gab mich damit nicht zufrieden und schickte eine von Herrn L. entworfene Aktennotiz über die besorgniserregende Situation der Kabelgesellschaften an Bernau und Schandelmaier. Da ich nach wie vor das volle Ausmaß des Finanzdesasters nicht kannte, äußerte ich mich – bestärkt durch Gespräche mit Bankenvertretern – dennoch zuversichtlich, die Probleme lösen zu können. Ich ging damals davon aus, daß ein konsequenter Sparkurs verbunden mit einer Kapitalaufstockung und eine solidere Unternehmenspolitik eine Möglichkeit böten, die Schwierigkeiten zu bewältigen.

Da sich bis dahin an meiner positiven Einstellung gegenüber den Aufsichtsräten nichts geändert hatte und ich die beiden für ahnungslos hielt, glaubte ich, daß sie als Aufsichtsräte und Hauptaktionäre mein Vorgehen unterstützen würden. Ich schlug eine Besprechung schon für den darauffolgenden Montagmorgen vor, zeichnete sich doch neben einer dramatischen Verschärfung der Liquiditätsprobleme eine Überschuldung für die Gundlach & Sülter AG ab. Vorsorglich teilte ich beiden deshalb noch mit, daß sie mich auch am Wochenende zu Hause erreichen könnten. Daß sich keiner der beiden bei mir meldete, machte mich zunächst noch nicht mißtrauisch; – sie konnten ja auf Wochenendurlaub sein.

Erst das mehr als eigentümliche Verhalten von Bernau und Schandelmaier am Montagmorgen verunsicherte mich dann doch sehr. Die Reaktionen auf meinen Vermerk, in dem ich auf einen vermutlich erforderlichen Wertberichtigungsbedarf in der Bilanz 1988 in Millionenhöhe und eine akute Gefahr für die Anlegergelder hingewiesen hatte, fiel völlig anders aus als erwartet. Anstatt über diese Sachfragen zu diskutieren, versuchte Bernau mir weißzumachen, daß ich die Situation völlig falsch bewerte. Er kehrte seine Fachkompetenz als Wirtschaftsprüfer hervor und versuchte mich einzuschüchtern, indem er mir Mangel an Erfahrungen in Finanzangelegenheiten, meine Jugend – ich war 38 Jahre – und meine fehlende Wirtschaftspraxis vorhielt. Meine Befürchtungen seien völlig aus der Luft gegriffen und ich solle deshalb solch abwegige und gewagte Thesen in Zukunft für mich behalten. In seinem Bemühen, vom eigentlichen Thema abzulenken, steigerte sich Bernau und äußerte Zweifel, ob ich als Frau für einen Vorstandsposten überhaupt geeignet sei. Es sei eben doch falsch, meinte er, Frauen mit Führungsaufgaben zu betrauen; sie verlören wegen »Nichtigkeiten« immer gleich ihre Nerven und seien viel zu emotional. Schandelmaier – wie immer treuer Gefolgsmann seines Vorsitzenden – kam im Anschluß an das Gespräch sogar noch in mein Büro und gab mir den »gutgemeinten Rat«, Bernau nicht durch zu »temperamentvolles« Verhalten zu verärgern. Er könne nun mal keine temperamentvollen Personen ausstehen. Dies sollte nicht das letzte Mal gewesen sein, daß über von mir vorgetragene Sachargumente überhaupt nicht gesprochen wurde, sondern statt dessen über die Unfähigkeit von Frauen in wirtschaftlichen Führungspositionen. Bernaus Ausfälle ärgerten mich zwar, aber sie verunsicherten mich nicht sonderlich. Ich hatte immerhin fünfzehnjährige Berufserfahrungen, davon acht Jahre im Wirtschaftsministerium, in dem ich häufiger mit Bilanzen zu tun hatte. So beschloß ich, den Dingen jetzt erst recht auf den Grund zu gehen.

Als nächstes bemühte ich mich darum, den zweiten Hauptaktionär, die HANNOVER Finanz – unabhängig von der Person Schandelmaiers – von der Brisanz der Situation zu überzeugen. Ich hielt es für dringend erforderlich, eine umfangreiche Überprüfung der tatsächlichen Lage der Gundlach & Sülter AG und ihrer Tochterfirmen durchzuführen. Noch am selben Tag meldete ich mich beim Vorstandsvorsitzenden der HANNOVER Finanz, Albrecht Hertz-Eichenrode, zu einer Besprechung an.

Vier Tage später empfing mich Herr Hertz-Eichenrode in seinem Büro. Er gab sich als durch und durch seriöser Geschäftsmann und zeigte sich entsetzt über meine Feststellungen. Auch er – so versicherte er mir – sei schon immer gegen die »Geschäftspraktiken« der Herren Gundlach und Sülter gewesen. Die nachlässige Überwachung seitens des Aufsichtsrates behage ihm überhaupt nicht. Meine Aufklärungsbemühungen hätten seine volle Unterstützung. Als Bestätigung händigte er mir einen erst wenige Tage alten Vermerk an seinen Kollegen Schandelmaier aus, in dem er rügte, daß alle Beteiligten offensichtlich dazu neigten, die »Dramatik der Situation zu bagatellisieren«, und daß »die Konkursgefahr der Gundlach & Sülter AG allenfalls vorübergehend behoben sei«. Dieser Vermerk öffnete mir erstmals die Augen über die »sympathischen, seriösen« Aufsichtsräte, die mir gegenüber die Situation nicht nur bagatellisiert, sondern falsch dargestellt hatten. Jedenfalls sei er froh – so versicherte mir Hertz-Eichenrode –, nun jemanden im Gundlach & Sülter-Vorstand zu haben, der den Dingen auf den Grund gehe und notfalls auch vor unliebsamen Maßnahmen nicht zurückschreckte. Eine Überprüfung der Lage sei in jedem Fall dringend geboten.

Ich verließ die Besprechung in dem sicheren Glauben, nach der herben Enttäuschung mit dem Aufsichtsrat wenigstens in Hertz-Eichenrode einen Verbündeten gefunden zu haben, der ebenfalls an einer Offenlegung der wirtschaftlichen Misere der AG und der Fonds interessiert sei. Als drei Tage später der erweiterte Aufsichtsrat der Medienfonds tagte, dem neben Bernau, Schandelmaier und Haenel zwei weitere Beiratsmitglieder angehörten, taten zu meiner Überraschung Schandelmaier und Bernau so, als ob die Besprechung mit mir gar nicht stattgefunden hätte. Die von mir angesprochenen Probleme, die doch immerhin für den Fortbestand der AG von existentieller Bedeutung waren, wurden einfach totgeschwiegen. Dr. Bernau rechnete offenkundig damit, daß seine Einschüchterungsversuche mich nachhaltig beeindruckt hatten. Er stellte komplizierte, kaum nachvollziehbare Berechnungen an und tat so, als ob alles in bester Ordnung sei. Sülter und er übertrumpften sich in Gewinnprognosen für das Jahr 1989. Ausgangsbasis für ihre Gewinnprognosen waren die noch ausstehenden zweifelhaften Honorare aus den Kabelgesellschaften, u.a. auch aus der Kabelcom Würzburg. Sie erwähnten mit keinem einzigen Wort, daß die von der Gundlach & Sülter AG als Gegenleistung für das Honorar zu erbringende Gesamtfinanzierung in einigen Kabelgesellschaften überhaupt nicht zustandegekommen war. Sie taten alles, um den Anwesenden den Anschein eines wirtschaftlich lebensfähigen, sogar noch gewinnträchtigen Unternehmens vorzugaukeln.

Irgendwann riß mein Geduldsfaden, und ich konfrontierte den erweiterten Aufsichtsrat mit den tatsächlichen Verhältnissen. Bernau spielte den Überraschten und stellte Sülter zur Rede. Der wand sich zunächst, räumte dann aber ein, daß es zu Honorarausfällen in Millionenhöhe kommen werde. Der Aufsichtsrat beschloß daraufhin, die beiden für das Controlling der Kabelgesellschaften verantwortlichen Mitarbeiter hinzuzuziehen, die die gravierenden Probleme der Kabelgesellschaften und deren fatale Folgen für die Gundlach & Sülter AG nur bestätigen konnten. Daraufhin schickte Bernau die beiden offenkundig völlig ahnungslosen Beiratsmitglieder nach Hause, um die Beratungen im engeren Führungskreis fortzusetzen.

Den Ahnungslosen mimend richtete Bernau nun Vorwürfe an

Sülter, der daraufhin eine schon schriftlich vorbereitete Rücktrittserklärung aus der Tasche zog. Fehlende Einnahmen in den Kabelgesellschaften, hohe Anfangskosten und Probleme bei der Kabelkundenwerbung seien – so Sülter – für die Misere verantwortlich. Er und sein früherer Kollege Gundlach hätten die Marktverhältnisse falsch eingeschätzt, dafür übernehme er die Verantwortung und biete seinen Rücktritt an. Daß die hohen Anfangskosten vor allem durch hohe Honorare an die Gundlach & Sülter AG selbst verursacht worden waren, verschwieg er allerdings.

Der Aufsichtsrat nahm nach Beratung hinter verschlossenen Türen Sülters Rücktritt an. Bernau erteilte Herrn Sülter sogar Hausverbot. Mich überraschte, wie schnell insbesondere Bernau seine Meinung geändert hatte. Noch wenige Tage zuvor hatte er mir gegenüber die Probleme verniedlicht und keinerlei Bereitschaft gezeigt, Sülter zur Rechenschaft zu ziehen. Jetzt erteilte er ihm sogar Hausverbot.

Für mich war das Ausscheiden Sülters eine Erleichterung. Bisher waren fast alle kaufmännischen und finanziellen Angelegenheiten an mir vorbeigelaufen, da sie von Sülter und Mumme geregelt worden waren. Zunehmend hatte sich bei mir der Eindruck verfestigt, daß meine Fragen zur finanziellen Lage auf Mißfallen stießen. Es war kein angenehmes Gefühl, mit so vielen Informationsdefiziten als Vorstand in einem Unternehmen zu arbeiten. Jetzt sah ich die Chance, mir endlich die notwendige Klarheit über die finanzielle Lage zu verschaffen. Ich ahnte noch nicht, daß am Ende meiner Aufklärungsbemühungen der Konkurs der Gundlach & Sülter AG stehen sollte.

Einen Tag nach Sülters Rücktritt Ende Oktober erschienen plötzlich die Kleinaktionäre und früheren Vertriebsmitarbeiter Harro Lein und Rainer Burmeister in meinem Büro. Da ich damals weder ihren beruflichen Hintergrund und ihre Freundschaft zu Gundlach und Sülter noch ihre Rolle als hochdotierte Koordinatoren für den Vertrieb der Kapitalanlagen kannte, nahm ich ihnen ihr Auftreten als um ihre Aktien besorgte Kleinaktionäre der Gundlach & Sülter AG ab. Sie hätten, erzählten sie mir, dem Vorstand und Aufsichtsrat die Entlastung verweigert und schon im August einen Antrag auf Sonderprüfung der Bilanz für das Geschäftsjahr

1988 beim Amtsgericht Hannover gestellt. Erstmals hörte ich jetzt von der bereits vor meiner Einstellung eingereichten Anfechtungsklage gegen die Bilanz 1988. Bernau und Schandelmaier hatten mir vor wenigen Tagen weismachen wollen, meine Bedenken an eben dieser Bilanz seien völlig aus der Luft gegriffen und mit keinem einzigen Wort diese von den Kleinaktionären eingereichte Anfechtungsklage erwähnt. Als ich Bernau deshalb in den folgenden Tagen darauf ansprach, schnitt er mir nur das Wort ab und wies mich auf die festgelegten Zuständigkeiten innerhalb des Vorstandes hin. Schließlich sei Mumme für Finanz- und Bilanzfragen verantwortlich und nicht ich.

Was die beiden »empörten Kleinaktionäre« anging, erfuhr ich kurz nach dem Gespräch, wer sie in Wirklichkeit waren. Als maßgebliche Drahtzieher im Vertrieb der Kapitalanlagen hatten die beiden Millionenbeträge von der Gundlach & Sülter AG erhalten. Auch hatten beide bereits spektakuläre Konkurse im Kapitalanlagemarkt hinter sich. Burmeister war mit seiner Schuhmann & Burmeister Wirtschafts- und Beratungs GmbH, Lübeck, in den aufsehenerregenden Treuwo-Konkursskandal verwickelt. Lein war mit seiner in Bad Pyrmont ansässigen, nach dem Bauherrenmodell operierenden Unternehmensgruppe in Konkurs gegangen.

Es ist nicht verwunderlich, daß ich nach all diesen Erkenntnissen immer argwöhnischer wurde. Es kam für mich jetzt nur noch darauf an, mir einen Überblick über den Ist-Zustand der Gundlach & Sülter AG und ihrer Tochterfirmen zu verschaffen. Wie sollte ich irgendeine vernünftige Entscheidung hinsichtlich der Zukunft des Unternehmens treffen, wenn ich nicht einmal die Ausgangslage realistisch beurteilen konnte? Wie konnte ich mich auf einen Aufsichtsrat verlassen, dem offenbar daran gelegen war, mich halbherzig oder sogar falsch zu informieren? Ich begann damit, einige dubiose Vorgänge aufzuarbeiten. Kein Wunder, daß ich bei meinen Nachforschungen sonst wenig Unterstützung fand. Neben den bereits beschriebenen Problemen mit einigen leitenden Mitarbeitern war es vor allem der chaotische Zustand, in dem sich das Unternehmen befand, der es fast unmöglich machte, sich innerhalb kurzer Zeit einen sachgerechten Überblick zu verschaffen.

Eine Vielzahl wichtiger Unterlagen, wie zum Beispiel Verträge, fehlte. Etliche Verträge waren nur von einem der beiden Vorstände oder gar nicht unterschrieben und somit möglicherweise überhaupt nicht rechtswirksam. Auch die Buchhaltung befand sich in einem ziemlich desolaten Zustand: Lieferantenrechnungen wurden oftmals erst Wochen nach ihrem Eingang gebucht, und es fehlten genauere Anweisungen für die Verbuchung der Zahlungsein- und -ausgänge. Ebenso gab es keine Kostenrechnung, und es mangelte an einem regelmäßigen Controlling. Vor allem fiel mir auf, daß es nur wenig schriftliche Unterlagen der beiden früheren Vorstände gab. Ihr so hoch dotiertes Know-how hatten die beiden in den drei Jahren ihrer Tätigkeit wohl wie ein Staatsgeheimnis gehütet, zumindest aber nicht in Form von internen Dokumentationen, Arbeitsvorgaben oder Besprechungsprotokollen zu Papier gebracht. So war es fast unmöglich, an vernünftige Informationen über die tatsächliche aktuelle Lage und die Perspektiven des Unternehmens zu kommen.

Anfang November ergab sich jedoch die Gelegenheit, die Konzernrevision des HDI, und damit des immerhin viertgrößten Versicherungsunternehmens in Deutschland, für eine Überprüfung bei der Gundlach & Sülter AG zu gewinnen. Aufgeschreckt durch die Pressemeldungen über Sülters Rücktritt hatte nämlich der HDI-Vorstand die Vorstände der HANNOVER Finanz, Hertz-Eichenrode und Schandelmaier, zu einer Besprechung gebeten. Ich wurde dazugeholt, merkwürdigerweise mein Kollege Mumme nicht. Sowohl der HDI-Vorstandsvorsitzende Adolf Morsbach als auch sein Stellvertreter und Finanzvorstand Dr. Heinz Reichmann – beide kannte ich aus meiner früheren Tätigkeit beim Land Niedersachsen – gaben sich äußerst besorgt über die Lage der Gundlach & Sülter AG. Anwesend war auch der Finanzvorstand der Hannover Rückversicherungs-AG, die noch Ende Oktober, gedrängt von Hertz-Eichenrode, der Gundlach & Sülter AG einen Kredit über 15 Millionen Mark für die Fertigstellung von drei Kabelnetzen, die die Gundlach & Sülter AG in der Nähe von Hannover errichtete, gewährt hatte.

Insbesondere Dr. Reichmann, Insidern als eigentlicher »Macher« im Vorstand des HDI bekannt, äußerte unverhohlen seinen Ärger über die HANNOVER Finanz. Für ihn sei es völlig unverständlich, daß sich ausgerechnet die Kapitalbeteiligungsgesellschaft des renommierten HDI mit ehemaligen IOS-Schülern in ein Boot gesetzt habe. Er und Morsbach reagierten entsetzt, als ich ihnen meine Befürchtungen hinsichtlich der Bilanz 1988 und die nach meiner Kenntnis besorgniserregende Lage der Kabelgesellschaften erläuterte. Reichmann bestand darauf, sofort Klarheit zu bekommen. Dies war in meinem Sinne, irritierte aber Schandelmaier und zu meinem Erstaunen auch Hertz-Eichenrode, der sich noch wenige Tage zuvor in unserem Vier-Augen-Gespräch sehr viel aufgeschlossener gezeigt hatte. Sie reagierten auf meinen Vorschlag, der HDI möge seine Konzernrevision einschalten, eher ablehnend. Nicht so Reichmann, der meinen Vorschlag sofort guthieß. Auch Morsbachs Bedenken, was Bernau dazu sagen würde, räumte er aus. Man werde nach außen den Eindruck erwecken, daß die HDI-Revision im Zusammenhang mit dem Großdarlehen der Hannover Rückversicherungs-AG durchgeführt werde.

Wenige Tage nach diesem Gespräch erschien der Leiter der HDI-Konzernrevision, Herr T., zusammen mit einem Mitarbeiter der Finanzabteilung, einem Bilanzsachverständigen, in meinem Büro. Wir besprachen die wichtigsten Fragen, deren Prüfung mir besonders am Herzen lag. Nur einen Tag später nahm die HDI-Revision mit drei Mitarbeitern in den Räumen der Gundlach & Sülter AG ihre Arbeit auf.

Damit aber rückte auch das Ende der Gundlach & Sülter AG unweigerlich näher.

2. Ein Millionenskandal wird offenbar

So leistet sich die Volkswirtschaft der Bundesrepublik seit Jahren eine perverse Art von Glücksspiel, ein Roulett, bei dem der kleine Steuerzahler, der nichts von seinen Steuern wegdrücken kann, den Einsatz bringt und der große gewinnen soll.

»Spiegel« Nr. 47, 1982 in »Geld ohne Wiederkehr«

Nachdem Sülter ausgeschieden war, verschaffte ich mir vor Ort einen Eindruck über die Lage in einigen Kabelgesellschaften. Nicht nur die Geschäftsführung der Posttochter TKS, auch die Geschäftsführer einzelner Kabelgesellschaften hatten zum Ausdruck gebracht, daß sie angesichts ihrer schwierigen finanziellen Lage auf Honorarverzicht, wenn nicht auf Rückzahlung bereits gezahlter Honorare von der Gundlach & Sülter AG bestehen müßten. Die Ursache der Misere lag in den rückläufigen Kabelanschlüssen und vor allem in der finanziellen Ausblutung der Kabelgesellschaften durch Zahlungen in Millionenhöhe an sogenannte Dienstleister, wie insbesondere die Gundlach & Sülter AG und die PKK aus Wiesbaden. Die Kabelgesellschaft Bielefeld bestand auf einem Forderungsverzicht in Höhe von einer Million Mark und einer Rückzahlung von bereits an die Gundlach & Sülter AG gezahltem Honorar in Höhe von 0,5 Millionen Mark.

Wie ich erstmals Anfang November erfuhr, hatte Herr Sülter dies auch bereits auf einer Gesellschafterversammlung in Bielefeld im August 1989 verbindlich zugesagt, dies aber im Vorstand verschwiegen. Die Kabelgesellschaft Südwestfalen mit Sitz in Hagen hatte zwischenzeitlich sogar Klage beim Landgericht Hannover gegen die Gundlach & Sülter AG auf Rückzahlung des bereits gezahlten Honorars in Höhe von 1,7 Millionen Mark erhoben und den Prozeß in erster Instanz gewonnen. Ich erfuhr hiervon erst, als der Prozeßverhandlungstermin vorbei war.

Es bestand nach wie vor größtes Interesse beim Aufsichtsrat und den leitenden Mitarbeitern, mich möglichst uninformiert zu halten. Ich bemühte mich zwar meinerseits, die Mitarbeiter und auch meinen Vorstandskollegen über meine Gespräche möglichst umfassend zu unterrichten, umgekehrt war dies jedoch nicht der Fall. Einige schienen es regelrecht zu genießen, mich »uninformiert« zu halten und dadurch Macht gegenüber einer Frau zu demonstrieren, die aufgrund der höheren Position eigentlich über mehr Befugnisse verfügte.

Da ich den Aufsichtsrat entgegen seiner Bekundungen bei den Vorgesprächen nicht auf meiner Seite hatte, war es schon aus diesem Grunde sehr schwer für mich, in dem Unternehmen Fuß zu fassen. So erfuhr ich nur durch Zufall, daß der Aufsichtsratsvorsitzende Besprechungen mit leitenden Mitarbeitern führte, ohne den Vorstand auch nur zu informieren. Dazu kam, daß der Aufsichtsrat uns durch Satzungsänderung die Befugnis genommen hatte, Personal einzustellen oder zu entlassen. Herrn Mumme störte das nicht sonderlich, mich schon. Von mir daraufhin angesprochen, verwies Dr. Bernau abermals auf meine »fehlende Kompetenz«. Er gab sich nicht mal die Mühe, den Widerspruch zu kaschieren, daß mich der Aufsichtsrat noch wenige Wochen zuvor angeblich gerade wegen meiner Kompetenz in Verkabelungsangelegenheiten berufen hatte. Es blieb mir also keine andere Möglichkeit, als immer wieder an die Kooperationsbereitschaft der leitenden Mitarbeiter zu appellieren. Einige Mitarbeiter zeigten sich dann auch tatsächlich zu einer kooperativen Zusammenarbeit bereit, obgleich es aufgrund der unglücklichen Konstellation immer wieder Reibungsverluste gab.

Trotz der zweifelsohne auf Vernebelung ausgerichteten Taktik des Aufsichtsrates ließ sich bald nicht länger verbergen, daß sich die Probleme in den Kabelgesellschaften zuspitzten. In den Kabelgesellschaften Würzburg und Karlsruhe war es fast ein Jahr nach ihrer Gründung immer noch nicht gelungen, die Gesamtfinanzierung sicherzustellen. Angesichts der allgemeinen Probleme auf dem Kabelmarkt und der speziellen Schwierigkeiten in den Kabelgesellschaften, die mit der Gundlach & Sülter AG und der PKK »Dienstleistungsverträge« abgeschlossen hatten, war die Chance, überhaupt noch einen Fremdfinanzier zu finden, gleich Null. Die Lage wurde damit aber auch für die Gundlach & Sülter AG immer prekärer, ebenso für deren Tochtergesellschaften, die alle hoch verschuldet waren.

Die zusammen mit dem Elektrohandwerker Neuberger aus München Ende 1988 gegründete Communication Distribution Systems GmbH (CDS) erwies sich als Sorgenkind. Das von Neuberger zum Preis von über 2 Millionen Mark erworbene Patent, die »schlaue Dose«, war nicht vermarktungsfähig. Ein Jahr nach Gründung der CDS GmbH war es noch nicht gelungen, die sogenannte »schlaue Dose« zu marktfähigen Preisen kostendeckend herzustellen. Auch die Anfang 1989 gegründete Tochterfirma Direct-Sat GmbH erwies sich als ein Mißerfolg. Zum Jahresende waren kaum Umsätze, dafür aber Verluste von über einer Million Mark angelaufen.

Besonders kritisch war die Lage in der NEUE MEDIEN PROGRAMM GmbH (NMP). Nachdem Frau Gundlach ihre Geschäftsführertätigkeit in der NMP zum 1.9.1989 niedergelegt hatte – wobei ihre nicht gerade als erfolgreich zu bezeichnende Tätigkeit vom Aufsichtsratsmitglied Schandelmaier noch mit einer Abschiedsprämie in Höhe von 10.000 Mark belohnt wurde –, nahm die Geschäfte der NMP Herr Z. aus Berlin wahr. Herr Z. war von Frau Gundlach zum 1.1.1989 für diverse Beratungsaufgaben für ein monatliches Gehalt von 12500 Mark zuzüglich Mehrwertsteuer engagiert worden. Bei unserem ersten Gespräch Ende Oktober hatte Herr Z. wenig Erfreuliches zu berichten. Bei der NMP GmbH waren inzwischen über 6 Millionen Mark an Kosten aufgelaufen.

Die von Herrn Gundlach bereits vor geraumer Zeit im Aufsichtsrat abgegebene Erklärung, die Filmserie sei verkauft, war schlichtweg falsch. Auch die im Geschäftsbericht 1987 getroffene Feststellung, es lägen zwei Zusagen von Fernsehsendeanstalten zum Ankauf der Serie vor, war nur ein Wunschtraum geblieben. Der Westdeutsche Rundfunk hatte lediglich 2 Millionen Mark, also nicht einmal die Hälfte der an die ECP gezahlten Honorare für die Serie geboten. Dieses Angebot war zudem noch mit der Auflage verknüpft, daß die Gundlach & Sülter AG sich ihrerseits an einer vom WDR geplanten Zeichentrickserie mit 8 Millionen Mark beteiligen sollte. Der WDR begründete seine Kaufzurückhaltung mit schwerwiegenden Mängeln der in Taiwan hergestellten Filme.

Für mich war es angesichts des Wirrwarrs von Geldtransfers und Beratern – außer der ECP und Herrn Z. gab es weitere teuer bezahlte Berater, u.a. erschien auch Harro Lein auf den Honorarlisten der NMP – nicht einfach, mir einen Überblick zu verschaffen. Das ehemals gute Verhältnis der Gundlach & Sülter AG zu dem »Filmproduzenten« Novotny hatte sich jedenfalls drastisch verschlechtert. Man verkehrte jetzt auf dem Gerichtsweg miteinander. Auf Betreiben ihres Berliner Beraters Z. hatte die NMP gegen die mit der Filmproduktion beauftragte ECP ein Beweissicherungsverfahren beim Amtsgericht Hannover erwirkt, durch einen unabhängigen Sachverständigen festzustellen, daß es sich bei der Filmserie um eine »Billigserie niedrigster Qualitätsstufe« handele.

Eine solche Filmserie mit erst 14 fertiggestellten Folgen (von 52 geplanten) für fast 7 Millionen Mark zu verkaufen, um die Kosten wieder hereinzubekommen, erschien illusionär. Überraschenderweise bot dann aber ausgerechnet die ECP selbst über ihren Anwalt in München 3,5 Millionen Mark, die noch auf 4,5 Millionen Mark hochgehandelt werden konnten. Der Aufsichtsrat – dessen Zustimmung erforderlich war – war dennoch mit einem Verkauf zu diesem Preis zunächst nicht einverstanden, da ein solches Geschäft ein Finanzloch von über 2 Millionen Mark in der NMP-Kasse hinterlassen würde. Erst nachdem wir einige Wochen später für die Gundlach & Sülter AG Vergleichsantrag anmelden mußten, gab er seine Zustimmung. Wenige Tage vor Weihnachten wurde die Filmserie dann verkauft.

Anfang November erschien trotz des Hausverbotes ganz plötzlich Sülter in meinem Büro. Er wirkte sehr aufgeregt. Offenkundig hatte er erfahren, daß ich eine Überprüfung der Bilanzen und vor allem der Finanzlage bei der Gundlach & Sülter AG veranlaßt hatte. »Es bringt nichts, wenn Sie sich mit der Vergangenheit befassen. Falls Sie damit nicht aufhören, werden wir eine Schlammschlacht beginnen«, drohte er. Ich unterrichtete zwar den Aufsichtsrat von Sülters Drohung, nahm sie mir aber nicht sonderlich zu Herzen. Damals lebte ich noch in dem Glauben, daß man mir nichts anhaben könne, solange ich mich nur korrekt verhielt. Auch dies war ein großer Irrtum, wie sich inzwischen herausgestellt hat. Es interessiert fast niemanden, ob ich mich rechtlich und moralisch korrekt verhalten habe. Viel interessanter finden es die meisten, sich mit den inzwischen im Rahmen der Schlammschlacht von Sülter und Gundlach gegen mich erhobenen Anschuldigungen und Strafanzeigen zu beschäftigen, seien sie auch noch so unsinnig und abwegig.

Besorgniserregend waren auch die ersten Ergebnisse der HDI-Konzernrevision. Bei der Überprüfung der aktuellen Liquiditätslage stellten die Revisoren eine Liquiditätslücke von rund 12 Millionen Mark fest, die damit die Höhe des gesamten Grundkapitals der AG erreichte. Die von Herrn L. vorgebrachte und von mir geteilte Befürchtung, daß ein erheblicher Teil der in der Bilanz ausgewiesenen Forderungen aus Finanzierungsvermittlungshonoraren nicht werthaltig war, wurde von den Revisoren bestätigt. Erhebliche Zweifel äußerten die Revisoren auch an der Werthaltigkeit der Gundlach & Sülter-Beteiligungen an den Tochtergesellschaften, wie insbesondere an der CDS GmbH und der NMP GmbH. Für das laufende Geschäftsjahr 1989 errechnete die HDI-Revision bei optimistischer Betrachtungsweise einen Verlust, der mit 23 Millionen Mark fast das Doppelte des Grundkapitals von 12 Millionen Mark ausmachte, bei pessimistischer Betrachtung sogar von 40 Millionen Mark.

Die Revisoren deckten aber auch eine Reihe von Unregelmäßigkeiten auf, z.B. vertraglich nicht vorgesehene finanzielle Vergünstigungen, die sich die beiden früheren Vorstände bewilligt hatten. Neben den ohnehin nicht gerade knapp bemessenen Gehältern, Tantiemen und der Know-how-Vergütungen, die zusammen rund 7,5 Millionen Mark in knapp drei Jahren ausmachten, hatten sich die beiden Vorstände – so die Revisoren – vertragswidrig Weihnachts- und Urlaubsgeld bewilligt. Selbst ihre privaten Putzfrauen hätten die beiden Höchstverdiener zeitweise über die Firma abgerechnet.

Besonders befremdet äußerten sich die Revisoren über die Vielfältigkeit der Leistungen der Vorstandsehefrau und Fernsehmoderatorin Alida Gundlach. Frau Gundlach hatte als Personalleiterin bei der Gundlach & Sülter AG, als Geschäftsführerin der NMP, als Organisatorin von Revuen und sogar als Architektin von der Gundlach & Sülter AG erhebliche Beträge kassiert. Sogar für Aufgaben bei der »Bauplanung und Bauüberwachung« hatte die NDR-

Fernsehmoderatorin Honorare in Rechnung gestellt und teilweise auch erhalten.

Die Gundlach & Sülter AG beabsichtigte nämlich, ein neues »repräsentatives Gebäude« zu bauen. Bereits bei dem Einstellungsgespräch hatte mir Dr. Bernau von den Neubauplänen erzählt, wohl auch, um die Zukunftsperspektiven der Gundlach & Sülter AG zu untermauern. In der Tat hatte der Vorstand noch im Mai 1989, als die Liquiditäts- und Finanzprobleme bereits offenkundig waren und der Aufsichtsratsvorsitzende an seine beiden Kollegen im Aufsichtsrat schrieb: »So kann es nicht weitergehen«, in einer an die Aufsichtsräte gerichteten Vorstandsvorlage festgestellt:

»Die Anfragen nach dem Know-how der Gundlach & Sülter AG gehen bereits über die Grenzen Europas hinaus. Die Gundlach & Sülter AG benötigt ein repräsentatives Medienzentrum mit den Bereichen Verwaltung, Produktion und Ausbildung für etwa 100 Mitarbeiter* auf einer Grundstücksfläche von 5000 qm. Die Verbindung der Gundlach & Sülter AG Neue Medien als Hardware-Spezialist und der Neue Medien Programm GmbH für den Bereich Software** ist in Hannover ohne Beispiel. Die Schaffung des Medien- und Kommunikationszentrums soll dazu dienen, Hannover als Partner im Medienbereich zu präsentieren und eine interessante Position zu sichern. Das neue Gundlach & Sülter Medienzentrum wird ein Anziehungspunkt und Kommunikationsort für die hannoverschen Medienaktivitäten.«

In diesem Zusammenhang planten die Gundlach & Sülter-Verantwortlichen den Erwerb eines Grundstücks in bester Lage in Hannover für eine Million Mark. Für den Neubau selbst wurden sieben Millionen Mark veranschlagt. Mit den utopischen Neubauplänen, die u.a. ein Schwimmbad mit Solarium, Gastronomiebereich, »Entspannungsbereiche«, ein Filmstudio, Gästeappartements und Grünflächen vorsahen, befaßte sich auch der HDI sehr ernsthaft.

Wie aus mit »PSt – vertraulich« gekennzeichneten Vermerken ersichtlich, ließ er sich über die hochtrabenden Pläne der inzwi-

---

* Die Gundlach & Sülter AG beschäftigte zu diesem Zeitpunkt rund 30 Mitarbeiter in Hannover.

** Gemeint war die in Taiwan produzierte Zeichentrickbilligserie

schen längst in finanzielle Bedrängnis geratenen ehemaligen IOS-Schüler informieren, und es wurde sogar darüber verhandelt, ob nicht der HDI diesen grandiosen Neubau errichten und anschließend an die Gundlach & Sülter AG verpachten sollte. Möglicherweise erhofften sich die mit diesen Plänen befaßten Mitarbeiter des HDI-Konzerns, gelegentlich ihre Mittagspause in der geplanten »Ruhezone« des Schwimmbades oder dem »Trainingsraum mit Spiegeln« sehr viel angenehmer als in der hauseigenen Kantine verbringen zu können.

Aber dies war nicht der einzige utopische Plan, mit dem sich die Gundlach & Sülter-Verantwortlichen beschäftigten. Etwa zur gleichen Zeit beauftragten sie eine bekannte Düsseldorfer Unternehmensberatung mit einem »größeren Projekt«. Diese Unternehmensberatung* beschrieb dieses Projekt in einem Schreiben an Gundlach wie folgt:

»Im Rahmen des überaus raschen und erfolgreichen Wachstums Ihrer Unternehmensgruppe sind Sie, Ihr Vorstandskollege Sülter und Ihre Gattin, die die Tochtergesellschaft NMP leitet und die gleichzeitig die Funktionen »Führungspersonal« und »Äußeres Erscheinungsbild der Unternehmensgruppe« betreut, außerordentlich stark belastet. Sie möchten alle drei die Freiheit wiedergewinnen, sich den übergeordneten Zielsetzungen und Entwicklungsstrategien der Unternehmensgruppe verstärkt zuzuwenden und möchten deshalb für Ihre Tagesaufgaben einen »Stellvertreter« gewinnen und rekrutieren. Sie haben uns gebeten, diese drei Projekte zur Beschaffung von Führungskräften zu konzipieren. Es bietet sich an, diese Positionen mit den Titeln »Direktor« oder »Generalbevollmächtigter« zu versehen. Als geeignete Kandidaten sehen wir Führungskräfte mit einem Einkommen von 150 000 bis 190 000 DM an. Entsprechende Aufschläge sind zu berücksichtigen!«

Etwa zur gleichen Zeit, als die Einstellung von drei Führungskräften für insgesamt rund 600 000 Mark erörtert wurde, kam es insbesondere gegenüber kleineren Handwerksfirmen zu ernsten Zahlungsschwierigkeiten. Die hochqualifizierten Führungskräfte wurden zwar nicht eingestellt, dafür aber forderte die Düsseldorfer Unternehmensberatung fast 150 000 Mark Honorar. Obwohl Herr Mumme und ich die Berechtigung dieser Forderung bestritten ha-

* Es handelt sich nicht um die an anderer Stelle mehrfach erwähnte Altenburg & Tewes.

ben, hat der Konkursverwalter sie später in voller Höhe anerkannt. Die haarsträubenden Pläne der früheren Gundlach & Sülter-Verantwortlichen kommen die Konkursgläubiger also teuer zu stehen!

Mitte November scheiterten die Bemühungen des Aufsichtsratsvorsitzenden, seine Aktien an die SUEZ-Gruppe zu verkaufen. Daraufhin versuchte Bernau einen anderen Coup zu landen; er bot die Gundlach & Sülter-Aktien ausgerechnet den Anlegern der drei Medienfonds an. Doch unter denen war bereits Unruhe entstanden, weil der Kapitalmarktexperte Heinz Gerlach aus Oberursel und der Kapitalmarkt intern in ihren Kapitalanlagemarkt-Informationsblättern fast wöchentlich über die Risiken der Kapitalbeteiligungen an den drei Medienfonds berichteten. Besorgt über die kritische Berichterstattung sprachen die Gundlach & Sülter-Anlagekunden ihre Anlageberater an, so daß diese zunehmend unter Druck gerieten. Die beiden für den Verkauf der Anlagen hauptverantwortlichen Vertriebskoordinatoren Lein und Burmeister traten daraufhin die Flucht nach vorn an. Ausgerechnet sie, die selbst in ganz erheblichem Umfang von dem Geldkreislaufsystem als Gundlach & Sülter-Berater profitiert hatten, riefen Anfang November die Anlageberater zu einer »Notsitzung« nach Hannover ins Hotel Intercontinental zusammen, um mögliche Maßnahmen zur Schadensbegrenzung zu besprechen.

Aufsichtsrat und Vorstand der Gundlach & Sülter AG sollte auf dieser Sitzung letztmalig die Möglichkeit gegeben werden, Lösungsvorschläge für die Probleme in den Kabelgesellschaften und die damit verbundene Gefährdung der Anlegergelder vorzulegen. Ich selbst, die erst seit wenigen Tagen von den akuten Problemen in den Kabelgesellschaften wußte, beabsichtigte ein möglichst offenes Gespräch mit den Anlageberatern zu führen. Die Verhandlungen mit der Posttochter TKS waren bislang noch nicht zum Abschluß gekommen. Doch hatte ich immerhin die Aussicht auf ein Gespräch im Bundespostministerium auf höchster politischer Ebene. Das wollte ich natürlich nutzen, um die Post zu bewegen, die Fondsanteile zu angemessenen Konditionen zu übernehmen, damit die Anleger zumindest einen Teil ihres Geldes zurückbekommen würden. Schließlich trug auch die Post eine gewisse Mitverantwortung, hatte sie doch alle Verträge gutgeheißen.

Doch es kam anders. Aus dem offenen Gespräch wurde nichts. Wenige Stunden vor der Sitzung rief Dr. Bernau mich an und bestand darauf, daß ich auf keinen Fall – wie beabsichtigt – unabhängig von ihm zu der Tagung gehen solle. Ich sei »diesen Typen« nicht gewachsen und würde mich womöglich »reinlegen« lassen. Zwar versprach ich ihm keinerlei rechtsverbindliche Zusagen zu machen, doch er bestand mit Nachdruck darauf, daß ich – wenn überhaupt – nur zusammen mit ihm an der Krisensitzung teilnehme. Andernfalls würde er mich persönlich schadensersatzpflichtig machen, wenn aufgrund meiner »Naivität« irgend etwas schieflaufe.

Derart massive Drohungen war ich selbst von ihm bisher nicht gewohnt. Ich war verunsichert und fügte mich seinem Wunsch. Im Interconti mußte ich dann zu meiner Überraschung feststellen, daß nicht die Anlageberater Dr. Bernau und den Gundlach & Sülter-Vorstand reinlegen wollten, sondern umgekehrt, Bernau die Anleger hinters Licht zu führen versuchte. Er unterbreitete den unseriösen Vorschlag, daß die Anleger ihr gesamtes Fondsvermögen von ursprünglich 65 Millionen Mark, abzüglich der noch vorhandenen Gelder auf dem Treuhandkonto von rund 22 Millionen Mark, der AG übertragen und dafür Vorzugsaktien der AG im Wert von rund 5,7 Millionen Mark erhalten sollten. Kurz zuvor hatte Bernau in einem Brief der HANNOVER Finanz dies als einen idealen Vorschlag für eine Lösung der Probleme der Gundlach & Sülter AG beschrieben. Die AG könne dadurch ihren »Kopf aus der Schlinge ziehen und billig an das Restvermögen der Fonds« herankommen. Um bei dieser Transaktion gegenüber den Anlegern keine »Unkorrektheiten« zu begehen, hatte es in seinem Schreiben an die HANNOVER Finanz geheißen, müsse der Aktienkurs der AG allerdings mit 300 Prozent bewertet werden.

Dies war ein merkwürdiges Unterfangen bei einem akut konkursgefährdeten Unternehmen. Bernau rechtfertigte es mit dem »Hoffnungsträger des Zuschlags für die D 2-Lizenz«, der noch ausstand. Ich empfand es jedenfalls als eine Unverfrorenheit, den ohnehin schon geschädigten Anlegern Aktien an einer Gesellschaft, die sich in größten Liquiditäts- und Finanzierungsschwierigkeiten befand, zum Kurs von 300 Prozent anzudrehen. Auch die Anlageberater waren erbost über Bernaus Vorschlag und keinesfalls gewillt, ihn zu akzeptieren.

Meine Rolle beschränkte sich an diesem Nachmittag auf die einer Statistin, da Bernau dafür sorgte, daß ich nicht zu Worte kam. Hinterher wurde mir von einem Mitarbeiter erzählt, daß die Anlageberater sich über den offensichtlich doch sehr unwissenden neuen Vorstand mokiert hätten.

Entsetzt über Bernaus Skrupellosigkeit gegenüber den Anlegern meldete ich mich umgehend bei Herrn Hertz-Eichenrode an. Ich war damals der festen Überzeugung, daß der HDI-Konzern ein solch unseriöses Manöver nicht mitmachen würde. Meine Empfehlung an die HANNOVER Finanz lautete deshalb, sich von Dr. Bernau zu distanzieren und Lösungen zu suchen, die den Schaden für die Anleger begrenzten und nicht noch größer machten. Herr Hertz-Eichenrode gab bei diesem Gespräch vor, meinen Vorschlag zu unterstützen und dankte mir ausdrücklich für meine Offenheit. Ich war deshalb sehr überrascht, als mich am nächsten Morgen Bernau anrief und beschimpfte, weil ich hinter seinem Rücken Gespräche mit der HANNOVER Finanz führte. Er bestellte mich zusammen mit Mumme für den übernächsten Tag zu einem gemeinsamen Gespräch mit Herrn Hertz-Eichenrode in sein Büro. Dann solle »offen über alle Probleme gesprochen werden«.

Doch das schien für ihn nicht zu bedeuten, ein ernsthaftes Krisengespräch zu führen. Statt dessen ging es ihm nur darum, den neuen Vorstand für die Krise bei der Gundlach & Sülter AG verantwortlich zu machen. Er wies jegliche Mitverantwortung und Bereitschaft, konstruktiv an der Lösung der Probleme mitzuwirken, weit von sich.

Tags zuvor hatte das Landgericht Hannover der Klage der Kabelgesellschaft Südwestfalen gegen die Gundlach & Sülter AG stattgegeben. Sie war zu Rückzahlung des Finanzierungsvermittlungshonorars von 1,7 Millionen Mark wegen ungerechtfertigter Bereicherung verurteilt worden. Dadurch spitzte sich die ohnehin angespannte Lage der AG dramatisch zu. Wo sollte die Gundlach & Sülter AG 1,7 Millionen Mark hernehmen, wenn nicht von den Hauptaktionären? Die waren dazu aber nicht im entferntesten bereit.

Hertz-Eichenrode bezog – für mich überraschend – in der Krisensitzung keine eindeutige Position, sondern überließ Bernau die Gesprächsführung. Bereits nach 20 Minuten verabschiedete er sich. Er müsse noch einen anderen wichtigeren Termin wahrnehmen. Ich wunderte mich sehr, daß der Vorstandsvorsitzende der HANNOVER Finanz für ein Gespräch, in dem es um das Sein oder Nichtsein einer ihrer wichtigsten Beteiligungsfirmen ging, so wenig Zeit und Interesse hatte und war darüber einigermaßen düpiert.

Bernau verhinderte im Verlauf der Krisensitzung, daß wir vernünftig über die gravierenden Probleme bei der Gundlach & Sülter AG, in den Kabelgesellschaften und in den Medienfonds sprachen. Er befaßte sich statt dessen ausführlich mit Nebensächlichkeiten, wie z.B. den aus seiner Sicht zu hohen Miet- und Personalkosten bei der Gundlach & Sülter AG. Vor allem aber ließ er sich wieder über mein angeblich schlechtes Verhältnis zu den Mitarbeitern, die mir nicht vertrauten, und über meine mangelnde Qualifikation aus. Da ich ohnehin keine Ahnung hätte, verhandelte er lieber gleich mit den Mitarbeitern.

Ich war jetzt zweieinhalb Monate im Unternehmen und hatte mich immer wieder vergeblich darum bemüht, die Mitarbeiter zu bewegen, nicht ständig am Vorstand vorbei direkt mit dem Aufsichtsratsvorsitzenden zu sprechen. Welcher Geschäftsführer oder Vorstand läßt sich schon gerne vor vollendete Tatsachen stellen, die ohne seine Beteiligung in direkten Gesprächen zwischen Mitarbeitern und Aufsichtsrat geschaffen wurden? Ganz besonders in einer solchen Krisenlage war es für mich nicht nur unbefriedigend, sondern zudem noch rechtlich bedenklich, mich in die Rolle eines reinen »Marionetten-Vorstandes« pressen zu lassen. Jetzt sollte ich zudem noch als Sündenbock für Probleme herhalten, die durch das Mißmanagement der früheren Vorstände, die mangelhafte Überwachung der Aufsichtsräte sowie eine systematische Ausblutung der Kabelgesellschaften herbeigeführt worden waren. In dieser Situation war ich der unverfrorenen Kaltschnäutzigkeit Dr. Bernaus nicht gewachsen. Er schnitt mir ganz einfach das Wort ab (»Sie haben hier nichts zu sagen«) und behandelte mich wie ein dummes, ungeratenes kleines Mädchen. Auf Sachargumente ließ er sich überhaupt nicht ein.

Nach dieser unerfreulichen Besprechung gab es für mich nur noch eines: das Unternehmen schnellstmöglichst verlassen. Bewegen konnte ich angesichts der Widrigkeiten der Lage ohnhin nicht viel. Der chronische Geldmangel schien auf absehbare Zeit nicht lösbar, da die beiden Hauptaktionäre die vor meinem Eintritt in das Unternehmen angekündigte »ausreichende Kapitalerhöhung« nicht mehr durchführen wollten. Noch am selben Tag bat ich deshalb per Einschreiben den Aufsichtsrat um eine einvernehmliche Auflösung meines Dienstvertrages. Keiner der drei Aufsichtsräte antwortete auf meinen Brief. Erst nach der Vergleichseröffnung, Wochen später, schrieben sie meinem Anwalt, ich hätte mir meine mißliche Lage selbst zuzuschreiben und sie dafür keinerlei Verantwortung. Als ich zwei Wochen später in einer außerordentlichen Aufsichtsratssitzung auf meinen unbeantworteten Brief zu sprechen kam und um eine Aussprache bat, lehnten die Aufsichtsräte ein Gespräch zu diesem »belanglosen Thema« ab. Bernau meinte, sie hätten Wichtigeres zu tun, als über die Zukunft »einer einzelnen Person« zu sprechen. Hier gehe es schließlich um Millionen und nicht um einen einzelnen Menschen.

Jetzt wurde mir vollends klar, daß ich offensichtlich nicht nur als Notnagel in den Vorstand geholt worden war, sondern auch um später bei einem Zusammenbruch den Sündenbock zu spielen. Für diese Rolle wurde ich noch gebraucht. Der Aufsichtsrat war deshalb nicht bereit, mich wieder aus dem Vertrag zu entlassen.

Ich hoffte damals allerdings, daß wenigstens der HDI-Vorstand sich mir gegenüber fair verhalten würde. Wenige Tage zuvor hatte ich nämlich auf einem Empfang der Commerzbank Hannover ein längeres Vier-Augen-Gespräch mit dem Vorstandsvorsitzenden des HDI, Adolf Morsbach. Herr Morsbach äußerte sich sehr positiv über mein Engagement bei der Aufklärung von Unregelmäßigkeiten. Er lobte meine Bereitschaft, in so einer schwierigen Lage der Presse und Öffentlichkeit Rede und Antwort zu stehen. – »Wir sind froh, daß wir Sie haben«. – Man bewerte es beim HDI sehr positiv, daß ich eine Revision angeregt und damit auch dem HDI Gelegenheit gegeben habe, sich endlich einen Überblick über die Lage bei der Gundlach & Sülter AG zu verschaffen. Ich erzählte Morsbach von meinen Problemen mit Bernau. Morsbach versprach mir, bei nächster Gelegenheit mit Bernau, zu dem er »sehr gute Beziehungen« habe, zu sprechen. Im übrigen könne ich mich jederzeit an ihn wenden. Er werde selbstverständlich alles tun, was in seiner Macht stehe, um mir zu helfen.

Zwei Wochen später schrieb ich handschriftlich an Herrn Morsbach und bat ihn, mir doch bei der Lösung des sich erneut verschärften Konfliktes mit Bernau behilflich zu sein. Morsbach hat auf meinen Brief niemals geantwortet. Ich hoffte trotzdem, daß Morsbach zu seinem Wort stehen und mit Bernau sprechen würde. Ich weiß bis heute nicht, ob er es jemals getan hat.

Nun blieb mir nur noch, einen Anwalt einzuschalten. Der legte mir jedoch nahe, den Dienstvertrag nicht vorzeitig und einseitig zu kündigen, da ich mich als Vorstand in einer solch schwierigen Lage dann möglicherweise schadensersatzpflichtig machen würde. So blieb ich also im Unternehmen und versuchte, das Beste aus der verfahrenen Situation zu machen.

Ich war in der Folgezeit vor allem bestrebt, die Verhandlungen mit der TKS zum Abschluß zu bringen. Um ein positives Klima für die Verhandlungen zu erreichen, bemühte ich mich um ein Gespräch beim Parlamentarischen Staatssekretär Rawe in Bonn. Es ging darum, die von den drei Medienfonds gehaltenen und rapide im Wert gesunkenen Beteiligungen an den Kabelgesellschaften zu einem möglichst hohen Preis an die TKS zu verkaufen. Damit wäre die Gundlach & Sülter AG aus der Schußlinie der geschädigten Anleger geraten und die Hauptlast der Verantwortung an die Posttochter übergegangen.

Eine gewisse Mitverantwortung der Post und ihrer Tochtergesellschaft TKS für die Misere der Kabelgesellschaften war auch nicht von der Hand zu weisen. Immerhin hatte die TKS, als Gesellschafterin in den meisten Kabelgesellschaften vertreten, nichts gegen die sogenannten Dienstleistungsverträge der Gundlach & Sülter AG und der PKK unternommen. Sie hatte alle Vereinbarungen, die die Kabelgesellschaften bereits in der Gründungsphase finanziell ganz erheblich belasteten, kritiklos mitgetragen. Dies geschah offenkundig unter dem politischen Erfolgsdruck, die private Verkabelung in jedem Fall voranzutreiben, selbst wenn dies mit erheblichen Risiken für gutgläubige Anleger verbunden war. Jetzt aber gab die TKS diese Verträge als einen Hauptgrund für die Misere in den Kabelgesellschaften an und zeigte wenig Bereitschaft, irgendeine Mitverantwortung zu übernehmen.

Ende November fuhr ich nach Bonn, um ein Gespräch mit dem Parlamentarischen Staatssekretär im Bundespostministerium zu führen. Ich erhoffte mir von ihm politische Unterstützung und ein Signal aus dem Bundespostministerium gegenüber ihrer Tochtergesellschaft TKS. Die TKS war bislang nicht bereit, für die Beteiligungen an den Kabelgesellschaften über den betriebswirtschaftlich nachweisbaren und durch zwei Gutachten untermauerten nur sehr geringen Preis hinaus einen »politischen Aufschlag« zu zahlen. Dies schien aber zwingend erforderlich, um ein Desaster für die Anlegergelder zu vermeiden. Der Parlamentarische Staatssekretär war sehr freundlich und bedauerte, daß ich in eine so problematische Firma geraten sei. Es sei jedoch aus haushaltsrechtlichen Gründen nicht möglich, daß die Post für den Schaden in den Medienfondsgesellschaften durch Zahlung eines »politischen Aufgeldes« aufkomme, beschied er mir. Die Posttochter könne nur den Preis für die Fondsanteile an den Kabelgesellschaften zahlen, der sich auch unter betriebswirtschaftlichen Gesichtspunkten nachweisen lasse. Dies seien nach Lage der Dinge maximal 48 Prozent der ursprünglich von den Anlegern geleisteten Nominalbeträge, vermutlich sogar eher weniger. Im Klartext bedeutete dies, daß die Anleger für ihre in die Kabelgesellschaften eingezahlten Beträge in kurzer Zeit einen Wertverfall von über 50 Prozent hinnehmen mußten.

Ich konnte die Verhandlungen dann allerdings nicht zum Abschluß bringen. Anfang Dezember riefen nämlich die Anlageberater, allen voran Harro Lein, eine außerordentliche Gesellschafterversammlung der drei Medienfonds in Hannover ein. Auf dieser Gesellschafterversammlung setzten sie den Ausschluß der Gundlach & Sülter AG als geschäftsführende Komplementärin der Medienfondsgesellschaften durch. Der Gundlach & Sülter AG war damit das Zepter hinsichtlich der Fonds und ihrer Beteiligungen an den Kabelgesellschaften aus der Hand genommen.

Lein gelang es, auf dieser Gesellschafterversammlung durchzusetzen, daß anstelle der Gundlach & Sülter AG seine eigene Firma, die Regie Unternehmensberatungs mbH mit Sitz in München, persönlich haftende Gesellschafterin der Medienfondsgesellschaften wurde. Nach einer ersten Bestandsaufnahme der Lage in den Kabelgesellschaften berichtete Lein den Anlegern in einem Rundbrief, daß »das akute Risiko eines Totalverlustes aller bislang in die Kabelgesellschaften eingezahlten Gelder bestehe«.

Die von der neuen Geschäftsführung der Medienfonds mit der TKS fortgeführten Verhandlungen wurden zwei Tage vor Weihnachten mit einem Vorvertrag abgeschlossen. Darin verpflichtete sich die TKS, den größten Teil der bisher von den Medienfonds in die Kabelgesellschaften eingezahlten Beträge mit 35 Prozent zurückzuerstatten und die noch offenen Einzahlungsverpflichtungen der Medienfonds gegenüber diesen Gesellschaften zu übernehmen. Zum Kauf der Beteiligungen an den Kabelgesellschaften Würzburg, Dortmund und Bielefeld war die Posttochter nicht bereit, da diese Kabelgesellschaften ohne ihre Beteiligung, und teilweise sogar gegen ihre ausdrückliche Empfehlung, gegründet worden waren. Die Anleger mußten also einen rapiden Wertverfall ihrer Beteiligungen hinnehmen.

Mitte November berief der HDI-Vorstand zwei Krisensitzungen zur Situation der Gundlach & Sülter AG ein. Die Hauptsorge des HDI-Vorstandes galt allerdings weniger eventuellen finanziellen Verlusten im Falle eines Konkurses der Gundlach & Sülter AG, sondern dem drohenden Imageschaden eines solch unrühmlichen Engagements für den HDI.

Insbesondere Dr. Reichmann zeigte sich erneut außerordentlich verärgert über das Vorstandsmitglied der HANNOVER Finanz Schandelmaier. Ihm warf er vor, in über dreißig Aufsichtsratssitzungen nichts unternommen zu haben, um den unerfreulichen Entwicklungen bei der Gundlach & Sülter AG rechtzeitig entgegenzusteuern. Schandelmaier brachte zu seiner Entschuldigung vor, daß er sich im Aufsichtsrat nicht habe durchsetzen können. Dies hat er in den Monaten, in denen ich ihn im Aufsichtsrat erlebt habe, allerdings auch nicht ein einziges Mal versucht. Vielmehr zeigte er sich stets als willfähiger Gefolgsmann von Dr. Bernau. Eine eigene Meinung habe ich bei ihm niemals ausmachen können. Gegenüber der »Hannoverschen Allgemeinen Zeitung« (HAZ) erklärte

Schandelmaier, auf seine Aufsichts- und Kontrolltätigkeit hin befragt, er sei »dem Charme des Herrn Gundlach erlegen« und habe deshalb seine Aufsichtspflicht nicht konsequent genug betrieben. Ich hatte indes vielmehr den Eindruck, daß es weniger der angebliche Charme des Herrn Gundlach war, sondern die Coolness und Härte des Dr. Bernau, die ihn beeindruckten.

Dr. Reichmann zeigte sich in diesen Sitzungen erfreut darüber, daß wenigstens ich den Mut hätte, auch unangenehme Dinge anzugehen. Später berichtete mir dann ein Mitarbeiter der HDI-Revision, daß Dr. Reichmann ausdrücklich darum gebeten habe, für mich etwas zu tun, falls ein Konkurs der Gundlach & Sülter AG nicht mehr zu vermeiden sei. Auch deshalb hatte ich damals das Gefühl, daß der HDI hinter mir stünde. Hinzu kam, daß ich Herrn Dr. Reichmann bereits aus meiner früheren Tätigkeit kannte und ihn stets als zuverlässigen, integren Geschäftsmann erlebt hatte.

An der Kabelfront spitzten sich indes die Probleme zu. In Isselburg (bei Bocholt), wo die Gundlach & Sülter AG ein Kabelnetz errichtete, hatten zwischenzeitlich einige erboste Handwerker, die seit Monaten ihr Geld von der Gundlach & Sülter AG nicht bekommen hatten und nun selbst mit ihren Betrieben in Schwierigkeiten kamen, den dortigen Stadtrat und die Presse informiert. Prompt berichtete die »Neue Ruhrzeitung«, daß der Isselburger Stadtdirektor die finanziell in Bedrängnis geratene Gundlach & Sülter AG schriftlich gemahnt habe, die überfälligen Handwerkerrechnungen endlich zu bezahlen. Ende November rief mich eine Redakteurin aus Isselburg mit der Bitte um ein Interview an. Man erwarte von mir eine Stellungnahme zu den unbezahlten Handwerkerrechnungen und offenkundigen Liquiditätsproblemen. Vor allem wolle man von mir wissen, ob diese Probleme durch eine verfehlte Politik der Post hervorgerufen, also politisch bedingt seien.

Nun gibt es verschiedene Arten des Umgangs mit der Presse: Gar nichts zu sagen, einseitig unter Weglassung negativer Aspekte zu informieren oder möglichst nah an der Wahrheit zu bleiben. Nach meiner Erfahrung ist letzteres meistens die sinnvollste Methode. Also räumte ich ein, daß es Liquiditätsschwierigkeiten gebe, die u.a. durch Probleme am Kabelmarkt, aber auch durch Mißmanagement der früheren Vorstände hervorgerufen seien.

Meine Presseäußerungen hatte ich zuvor mit dem Vorstand der Hannover Finanz abgestimmt. Das Interesse der HDI-Gruppe richtete sich vor allem darauf, auf keinen Fall selbst in der Presse erwähnt zu werden. Ich wurde sogar vom HDI-Vorstand ausdrücklich gebeten, die Versäumnisse von Gundlach und Sülter offen anzusprechen, auch um dadurch zu erreichen, daß der HDI und die Hannover Finanz möglichst aus der »Schußlinie blieben«. Dr. Bernau gab auch selber Interviews, in denen er behauptete, vom früheren Vorstand hintergangen worden zu sein. Einem im Cash Verlag erscheinenden Magazin für den Kapitalanlagemarkt erklärte er, daß er sich »belogen und betrogen" fühle. Nicht ganz so drastisch, aber deutlich distanziert im Verhältnis zum früheren Vorstand, äußerte er sich auch gegenüber der »HAZ« und der »Neuen Presse« in Hannover.

Meine Loyalität gegenüber dem HDI hat mir indes viel Ärger eingebracht. Ich wurde wochenlang mit Briefen von Gundlach und Sülter bombardiert. Gundlachs Anwälte warfen mir Rufmord, Beleidigung und Verleumdung vor. Sülter verglich meinen Verstand mit dem eines Plüschtieres. Gundlach selbst teilte in einer Presseinformation den Redaktionen verschiedener Zeitungen mit, daß ich »imkompetent sei, nicht wisse, was ich tue, und lüge!«

Als ich auf diesen Unfug nicht reagierte, verklagte Gundlach mich dann beim Landgericht Hannover wegen Äußerungen, die ich angeblich gegenüber der Presse abgegeben hätte. Dabei ging es um eine von Bernau gegenüber der »Neuen Presse« abgegebenen Erklärung zu der Know-how-Vergütung von 1,25 Millionen Mark und Feststellungen einiger Zeitungen, daß die Anlegergelder gefährdet seien. Da ich mir auf Firmenkosten keinen Anwalt nehmen konnte – inzwischen war der Zustand der Zahlungsunfähigkeit erreicht –, bat ich Herrn Hertz-Eichenrode um anwaltliche Unterstützung aus dem Hause der Hannover Finanz bzw. des HDI, die über eigene Rechtsabteilungen verfügen. Obwohl ich die Pressearbeit auf ausdrücklichen Wunsch und in Abstimmung mit dem HDI und der Hannover Finanz gemacht hatte, ließ Hertz-Eichenrode mich jetzt ein weiteres Mal im Stich. Er empfahl mir, auf »private Kosten« einen Anwalt zu nehmen. Dies habe ich dann auch getan und den Prozeß, für den ich letztlich auch in Vertretung des HDI/

HF-Vorstandes auf der Anklagebank saß, aus privaten Mitteln bestritten.

Um das Gericht in seinem Sinne zu beeinflussen und Druck auf mich auszuüben, schreckte Gundlach auch vor einer falschen eidesstattlichen Versicherung nicht zurück. So erklärte er:

»Ordnungsgemäß über die Strafbarkeit einer vorsätzlichen oder fahrlässigen eidesstattlichen Versicherung belehrt, erkläre ich, der Kaufmann Burckhard Gundlach, zur Vorlage bei Gericht an Eides statt: Die wirtschaftlichen und rechtlichen Beziehungen zwischen der Gundlach & Sülter AG und der Neue Medien-Fonds sind in dem Antrag auf Erlaß einer einstweiligen Verfügung der Schriftsätze Parigger & Schluchtmann vom 22.12.1989 zutreffend geschildert.«

In dem Schriftsatz des Rechtsanwaltes Dr. Parigger wird hierzu ausgeführt:

»Angesichts der rechtlichen und wirtschaftlichen Beziehungen zwischen der Gundlach & Sülter AG und den Neue Medien-Fonds ist jede Gefährdung von Anlegergeldern infolge etwaiger Liquiditätsschwierigkeiten der Gundlach & Sülter AG ausgeschlossen!« ... »Die einzige rechtliche und wirtschaftliche Verbindung zwischen der Gundlach & Sülter AG und den Medien-Fonds bestand darin, daß die Gundlach & Sülter AG 100 % der Geschäftsanteile der Komplementärgesellschaften hielt. Im Fall des Konkurses wären diese Anteile in die Konkursmasse gefallen und zu verwerten. Andere Konsequenzen sind nicht ersichtlich!«

In Wirklichkeit gab es sehr wohl wirtschaftliche Verbindungen zwischen den Medienfonds und der Gundlach & Sülter AG. Bekanntlich waren die Medienfondsgelder in Kabelgesellschaften investiert worden und die Gundlach & Sülter AG hatte sich vertraglich verpflichtet, die Gesamtfinanzierung dieser Gesellschaften sicherzustellen. In diesem Zusammenhang ging die Gundlach & Sülter AG gegenüber etlichen Kabelgesellschaften rechtsverbindliche Garantien zur Sicherstellung der Finanzierung der Kabelgesellschaften ein. Sie verpflichtete sich, das gesamte Fremdkapital zu beschaffen und die Valutierung der Mittel sicherzustellen. Es liegt auf der Hand, daß ein Konkurs der Gundlach & Sülter AG deshalb eine gravierende Gefährdung für die Anlegergelder bedeutete.

Doch nicht nur in diesem Punkt war die eidesstattliche Versicherung falsch. Gundlach erklärte außerdem: »Auf die ursprünglich vereinbarte Know-how-Vergütung von 1,2 Millionen DM habe ich lediglich ca. DM 700 000 DM erhalten.« Daß die vereinbarte

Know-how-Vergütung 1,25 Millionen DM betrug, mag Herrn Gundlach noch nachgesehen werden, da für einen Einkommensmillionär wie ihn 50000 DM-Beträge offenkundig nicht erwähnenswert sind. Im Gegensatz zu seiner eidesstattlichen Erklärung hatte er jedoch nicht »nur« ca. 700000 DM Know-how-Vergütung kassiert, sondern 905550 DM, und zwar netto, was einer Bruttovergütung von rund 1,9 Millionen DM entspricht. Besonders bemerkenswert wurde dieser Fall dadurch, daß der Leiter des Finanz- und Rechnungswesens dazu in einem Vermerk schriftlich feststellte: »Herr Gundlach hat mich wiederholt gebeten, ihm die Summe der an ihn ausgezahlten Know-how-Vergütung zu nennen. Ich habe ihm den ausgezahlten Betrag von 905550 DM genannt und Fotokopie meiner Aufstellung gegeben. Zu keiner Zeit hat Herr Gundlach widersprochen.« Da Gundlach gegenüber der Presse gerne betont, wie »kreativ, dynamisch« und »weit entfernt vom Rentenalter« er sei, kann man die falschen Angaben wohl kaum mit Vergeßlichkeit entschuldigen. Den Prozeß hat Gundlach dann zwar verloren, seine vorsätzlich falsche eidesstattliche Versicherung blieb aber bislang ohne irgendwelche Folgen, obwohl das Gesetz hierfür Freiheitsstrafen bis zu drei Jahren oder Geldstrafen vorsieht.

Ende November bemühten Herr Mumme und ich uns verzweifelt darum, gemeinsam mit den Banken noch ein Sanierungskonzept durchzusetzen. Immerhin gelang es uns, die beteiligten Banken zu einem Forderungsverzicht in Höhe von 30 Prozent ihrer Kredite zu bewegen. Auch der Vorstand der Hannover Rückversicherung erklärte sich schweren Herzens zu einem Forderungsverzicht von 30 Prozent auf seinen erst Ende Oktober gewährten Kredit von über 15 Millionen Mark bereit.

Eine in dieser Zeit von uns einberufene Hauptversammlung ergab jedoch, daß keiner der Aktionäre der Gundlach & Sülter AG bereit war, weiteres Kapital zuzuführen. Einer der Kleinaktionäre äußerte schriftlich sein Mißfallen: »Die Großaktionäre, allen voran Dr. Bernau und die HANNOVER Finanz, haben mit dem früheren Vorstand die Geschicke der Gesellschaft allein bestimmt. Wenn es innerhalb sehr kurzer Zeit zu einer Vermögensvernichtung gekommen ist, sind die vorstehend Genannten im Gegensatz zu den Kleinaktionären daran sicherlich in einem erheblichen Umfang beteiligt und auch verantwortlich.« Die Hauptversammlung unter Leitung des Aufsichtsratsvorsitzenden Dr. Bernau beschloß, eine Verhandlungskommission einzusetzen, die Übernahmegespräche mit der SÜWEDA AG aus Mainz führen sollte.

Einen Tag vor dieser Hauptversammlung, in der wir die Aktionäre darüber informierten, daß das Grundkapital der AG aufgezehrt war, hatte sich überraschend die Konkurrenzfirma SÜWEDA beim Vorstandsvorsitzenden der HANNOVER Finanz gemeldet. Die SÜWEDA zeigte sich interessiert, unter bestimmten Voraussetzungen die Aktienmehrheit oder zumindest Vermögenswerte der Gundlach & Sülter AG zu übernehmen. Man habe die Absicht, so teilte die SÜWEDA Hertz-Eichenrode mit, mit einem neuen Vorstand und Aufsichtsrat bei der Gundlach & Sülter AG die Probleme anzupacken und die Gundlach & Sülter AG wieder auf gesunde Beine zu stellen. Voraussetzung sei, daß die Gundlach & Sülter AG von Altlasten im Zusammenhang mit den drei Medienfonds und Schadensersatzansprüchen der Anleger befreit werde. Diese Zusage konnten nur die jeweiligen Geschäftsführungen der Fonds und der Kabelgesellschaften geben, die dazu allerdings wenig Bereitschaft zeigten.

In die Verhandlungskommission, die die Übernahme- und Sanierungsgespräche mit der SÜWEDA führen sollte, wurden auf ausdrücklichen Wunsch von Dr. Bernau neben Hertz-Eichenrode als Verhandlungsführer der noch kurz zuvor von Bernau als »unseriöser Abschreibungskünstler« bezeichnete Harro Lein und der Rechtsanwalt Dr. Böx aus Hannover berufen. Erst wenige Monate zuvor hatte Hertz-Eichenrode Böx wegen seiner Meinung nach völlig überhöhter Honorare bei der Gundlach & Sülter AG ein Verfahren vor der Anwaltskammer angedroht. Jetzt zogen wieder alle an einem Strang.

Der neue Vorstand wurde dagegen von den Verhandlungen völlig ausgeschlossen. Ich schrieb deshalb an Hertz-Eichenrode, daß man sich doch an die aktiengesetzlichen Vorschriften halten und den amtierenden Vorstand nicht von derart wichtigen Verhandlungen, bei denen es um die Veräußerung von Vermögenswerten der AG gehe, ausklammern möge. Mein Schreiben an ihn sowie an die

Mitglieder der Verhandlungskommission blieb ohne jegliche Reaktion. Wieder einmal nahm man mich nicht ernst. Wie nicht anders zu erwarten, wurden wir als Vorstand erst wieder eingeschaltet, als die Verhandlungen gescheitert waren.

Am 18. Dezember 1989 teilte uns der Vorstand der SÜWEDA schriftlich mit, daß die Übernahmeverhandlungen ergebnislos beendet wurden. Die Sanierungsbedingungen der SÜWEDA seien von einigen Kleinaktionären und den Vertretern der Medienfondsgesellschaften nicht erfüllt worden. Hintergrund war, daß der Kleinaktionär Harro Lein als Mitglied der Verhandlungskommission sich zwar offiziell dafür aussprach, daß »alle Aktionäre« den Vergleichsvorschlag der Verhandlungskommission mittragen, also auf einen Teil ihrer Aktien verzichten sollten. Hinter dem Rücken der Verhandlungskommission forderte er jedoch den Vorstandsvorsitzenden der SÜWEDA schriftlich auf, die von ihm und Frau Burmeister gehaltenen Aktien zum vollen Preis von 900 000 Mark zu erwerben. Dazu war die SÜWEDA nicht bereit. Nun aber zeigte der Interimsgeschäftsführer der Medienfonds, Harro Lein, wenig Neigung, sich für einen Verzicht auf Schadensersatzforderungen der Fondsgesellschaften einzusetzen.

Vom Verhandlungsführer Hertz-Eichenrode selbst erfuhr ich nichts über die gescheiterten Verhandlungen. Der erinnerte sich nun plötzlich wieder daran, daß es ein Aktiengesetz gibt, das die Verantwortung für wichtige Unternehmensangelegenheiten dem Vorstand überträgt. Von einem Mitarbeiter des HDI erfuhr ich, daß Hertz-Eichenrode meinte, nun genügend Zeit für die Gundlach & Sülter AG »geopfert« zu haben.

Inzwischen war uns jedoch die Zeit davongelaufen. Seit 19 Tagen hatten wir keine einzige Zahlung mehr vornehmen können. Sämtliche Konten waren von den Banken gesperrt worden. Etliche Banken bestanden auf Kreditrückzahlungen. Wir waren gezwungen, Vergleichsantrag zu stellen und einen Vergleichsverwalter einzuschalten. Ausgerechnet ein Rechtsanwalt, nämlich Dr. Böx, versuchte, uns daran zu hindern, unseren gesetzlichen Verpflichtungen nachzukommen. Er legte uns dringend nahe, keinen gerichtlichen Vergleichsantrag zu stellen. Unsere Einwendung, daß wir doch die im Gesetz festgelegte Dreiwochenfrist zu beachten hätten, versuchte er mit dem Hinweis auszuräumen: »Ein Vorstand hat Wichtigeres zu tun, als Tage zu zählen.« Meinem Vorstandkollegen Mumme war Konkursverwalter Krinke empfohlen worden, den wir noch am selben Tag anriefen. Er war jedoch nicht in seinem Büro. Statt dessen wurden wir mit Reinhard Mühl verbunden, der sich als Geschäftspartner von Krinke ausgab und sich als Vergleichsverwalter anbot. Mühl war bereits zeitweise in dem seinerzeit spektakulären Spielbankskandal in Hannover als Konkursverwalter tätig gewesen und rühmte sich seither seiner guten politischen Verbindungen, insbesondere zu dem in den Spielbankskandal verstrickten damaligen CDU-Landesvorsitzenden Wilfried Hasselmann. Am 19. Dezember 1989 übernahm Mühl als vorläufiger Vergleichsverwalter die finanziellen Geschäfte bei der Gundlach & Sülter AG.

Einen Tag darauf wurde mir der erste Zwischenbericht der HDI-Konzernrevision überreicht. Die Revision hatte verschiedene Wirtschaftsdelikte, wie Untreue, ungerechtfertigte Bereicherung, Aushöhlung des Gesellschaftsvermögens und Bilanzmanipulation festgestellt. Bereits bei der Aufstellung der Gründungsbilanz seien die gesetzlichen Vorschriften nicht beachtet worden. Auch sei die für das Rumpfgeschäftsjahr 1986 aufgestellte und von Wirtschaftsprüfer Egbert Nölken testierte Bilanz falsch, stellten die Revisoren in ihrem Bericht fest. Das zusammengefaßte Prüfungsergebnis des Berichtes Nr. 224 lautete:

»Die ehemaligen Vorstände Gundlach & Sülter haben die Unternehmensgruppe in eine fast aussichtslose Lage geführt. Dies ist dadurch mitbedingt, daß sie die Unternehmen nicht mit der Sorgfalt ordentlicher Kaufleute geführt haben. Sie haben sich ungerechtfertigt bereichert. Ferner haben sie geduldet, möglicherweise sogar gefördert, daß Geschäftspartner Forderungen gestellt und bezahlt bekommen haben, bei denen es zweifelhaft sei, daß sie einer weitergehenden rechtlichen bzw. standesrechtlichen Prüfung standhalten. Unserer Ansicht nach ist es geboten, zivilrechtlich und strafrechtlich gegen die Herren Gundlach und Sülter vorzugehen, Schadensersatzansprüche anzumelden und einen Arrest in das Vermögen zu erwirken«.

Der Aufsichtsrat drängte uns, die Staatsanwaltschaft einzuschalten und Gundlach und Sülter anzuzeigen. Insbesondere Herr Haenel drängelte sehr. Er rief mich mehrfach an und machte mir eindringlich klar, daß wir uns der Strafvereitelung schuldig machten, wenn wir die Staatsanwaltschaft nicht umgehend einschalten würden.

Offenkundig glaubte der Aufsichtsrat, durch eine Anzeige der Ex-Vorstände jegliche Mitverantwortung von sich schieben zu können. Kurz vor Weihnachten überreichten wir den HDI-Revisionsbericht der Staatsanwaltschaft Hannover und baten um strafrechtliche Überprüfung der von der Revision getroffenen Feststellungen. Den Text des Anschreibens an die Staatsanwaltschaft formulierte ich zusammen mit dem HDI-Mitarbeiter S., der als Wirtschaftssachverständiger maßgeblich an dem Bericht mitgewirkt hatte.

Genau ein Jahr später – ebenfalls kurz vor Weihnachten – sollte sich ausgerechnet der HDI von seinem eigenen Bericht distanzieren. Aber das war natürlich im Dezember 1989 nicht absehbar.

3. Vom Vergleichsantrag zum Konkurs

> Dadurch haben auch unseriöse Kräfte des Kapitalmarktes erreicht, sich durch Werben mit dem Namen von bekannten und gut beleumundeten Institutionen einen seriösen Anstrich zu verleihen. So geht das »Ausplündern« einfach besser.
>
> *Helmut Kapferer*

Unversehens fand ich mich plötzlich vor ganz neue Probleme gestellt. Ich hatte keinerlei Erfahrungen in der Sanierung von Firmen. Der Aufsichtsrat wollte mich zwar nicht aus meinem Vertrag entlassen, stand aber auch nicht hinter mir. Es gab eine Fülle von Problemen, die ohne Zufuhr von Kapital in Millionenhöhe nicht zu lösen waren. Dazu ließen aber die beiden Hauptaktionäre keinerlei Bereitschaft erkennen. Außerdem übten die Anlageberater immer mehr Druck auf uns aus, da sie von der Gundlach & Sülter AG wegen des rapiden Wertverfalls der ihr anvertrauten Kapitalanlagen Zusagen über Schadensersatzzahlungen erwarteten. Ich hielt Verhandlungen mit den geschädigten Anlegern zwar für den richtigen Weg, konnte aber wenig tun. Die Gundlach & Sülter AG hatte selbst keine Mittel, und deshalb waren in erster Linie die Hauptaktionäre gefordert. Diese, in den Firmenprospekten der Gundlach & Sülter AG als Garanten für Kapitalstärke herausgestellt, schienen aber jegliche Mitverantwortung weit von sich zu weisen und schon gar nicht zu irgendwelchen Schadensersatzzahlungen bereit.

Probleme gab es auch mit den Kabelkunden. Die Gundlach & Sülter AG hatte in einigen Gemeinden, wie zum Beispiel in Sehnde, Arnum und Wedemark bei Hannover mit der Errichtung kleinerer Kabelnetze begonnen. Die Errichtung dieser kompletten Kabelnetze verschlang enorm viel Geld. Unbezahlte Rechnungen veranlaßten die Handwerker, ihre Arbeiten einzustellen. Dies irritierte die Kunden, die sehnsüchtig auf ihren Kabelanschluß warteten. Sie überhäuften uns mit schriftlichen und telefonischen Anfragen. Ich hatte Verständnis für die Verärgerung bei den Handwerkern und den Kabelkunden, und es war mir unangenehm, meinen Kopf für Dinge hinhalten zu müssen, die ich überhaupt nicht zu verantworten hatte.

Mir wurde von Tag zu Tag deutlicher, daß gerade dies der Grund dafür war, daß man mich geholt hatte. Man brauchte jemanden, der an der »Front« seinen Kopf hinhielt und vor allem der Presse Rede und Antwort stand. Die Aufsichtsräte verübelten es mir dann auch noch, daß ich die Presse nicht »ruhigstellte«. Insbesondere Dr. Bernau war der Meinung, die Presse lasse sich auf Kommando ruhigstellen. Die Funktion der Presse bestand für ihn vor allem darin, positive Berichte über den »Erfolgsunternehmer« Bernau zu veröffentlichen. Damit hatte er bisher auch durchaus Erfolg bei einigen Finanzmagazinen. Nachdem jedoch Isselburger Handwerker und Politiker die dortigen Zeitungen alarmiert hatten, zogen nun auch die hannoverschen und später einige überregionale Zeitungen nach und berichteten über die Gundlach & Sülter-Zahlungsprobleme.

Die Mitarbeiter hatten inzwischen von uns erfahren, daß die Dezember-Gehälter nicht mehr gezahlt werden konnten. Dies war so kurz vor Weihnachten eine bittere Pille für sie. Unsere beiden Raumpflegerinnen bekamen seit Wochen ihr Geld nur noch mit erheblichen Verzögerungen und machten sich große Sorgen um ihren Arbeitslohn für Dezember. Ein aufgebrachter Mitarbeiter rief – wie ich später von ihm selbst erfuhr – die Bildzeitung an, um seinen Ärger über diese unbefriedigende Lage und die hohen Gehälter der früheren Vorstände und über die Ehefrau Gundlachs kundzutun. Gundlach erklärte dazu in der Bildzeitung, daß ihm von irgendwelchen Problemen bei seinem Ausscheiden vor drei Monaten nichts bekannt gewesen sei. Außerdem habe er ein Konzept hinterlassen, das aber vom neuen Vorstand nicht befolgt werde. Welches Konzept ihm auch immer vorschwebte, es war nirgends zu finden. Gundlachs Hinterlassenschaft bestand vor allem aus Schulden. Die »Hannoversche Allgemeine Zeitung« berichtete über »ein von cleveren Finanzjongleuren initiiertes Finanzfiasko«, das nur scheibenweise ans Tageslicht komme. Die »Neue Presse« aus Hannover befaßte sich mit den vielfältigen Zuwendungen an das »Multitalent« Alida Gundlach.

Einer der Anlageberater, der besonders verärgert über die Entwicklung in den Fonds und Kabelgesellschaften war, informierte die »Wirtschaftswoche« über alle Einzelheiten der Gesellschafterversammlung der Medienfonds, die Anfang Dezember im Intercontinental in Hannover stattfand. Prompt berichtete das Wirtschaftsmagazin über die turbulente Anlegerversammlung, bei der die Gundlach & Sülter AG aus den Medienfonds ausgeschlossen worden sei. In einem zweiten Bericht schrieb die »Wirtschaftswoche« Ende Januar über die »programmierte Pleite« der Gundlach & Sülter AG und brachte Hintergrundinformationen über den Geldkreislauf zugunsten der Gundlach & Sülter AG.

Als Hauptverantwortlichen machte die »Wirtschaftswoche« neben den beiden Ex-Vorständen den Aufsichtsratsvorsitzenden Bernau aus, der die Dinge zum Nachteil der geprellten Anleger habe schleifen lassen. Der Geschäftsführer der Kabelgesellschaft Hagen wurde mit der Aussage zitiert, daß den 1,3 Millionen Mark Eigenkapital, das die Medienfonds der Kabelgesellschaft zur Verfügung gestellt hätte, eine Aufforderung der Gundlach & Sülter AG, im Gegenzug sofort 1,5 Millionen Mark zu überweisen, gegenübergestanden hätte. Wenn nicht andere Gesellschafter Kapital nachgeschossen hätten – so der Geschäftsführer –, wäre die Kabelgesellschaft in Hagen sofort nach Gründung wieder pleite gewesen. Angesichts dieser dubiosen Praktiken drohe dem Aufsichtsrat erhebliches Ungemach, spekulierte damals die »Wirtschaftswoche«. Sie sollte sich ebenso irren wie alle anderen Wirtschaftsredaktionen, die vermuteten, daß der Aufsichtsrat nicht nur zivil-, sondern auch strafrechtlich zur Verantwortung gezogen würde.

Die Stimmung für den Aufsichtsrat verschlechterte sich nicht zuletzt aufgrund dieser Kommentare zunehmend. Doch hätte zu diesem Zeitpunkt durchaus noch die Möglichkeit für den Aufsichtsrat bestanden, sich zu seiner Mitverantwortung zu bekennen und an Lösungen zur Schadensbegrenzung mitzuwirken. Zumindest die beiden Hauptaktionäre, die als Aufsichtsräte der AG und der Medienfonds die Geschicke der Unternehmen ganz entscheidend beeinflußt hatten und sich einer Mitverantwortung für den rapiden Wertverfall der Anlegergelder schwerlich entziehen konnten, hätten derartige Lösungen finanziell problemlos mittragen können.

Die HANNOVER Finanz hatte gerade ihr bestes Geschäftsjahr seit Gründung des Unternehmens hinter sich und freute sich in den Medien über Gesamterträge von rund 24 Millionen Mark und eine Rendite von fast 9 Prozent.

Auch Bernau, der allein an der Berliner Elektro AG Aktien im Werte von mindestens 80 Millionen Mark hält, hätte es finanziell leicht verkraften können, zumindest einen Teil des Geldes zu erstatten, das die Anleger verloren hatten. Aber davon war keine Rede! Im Gegenteil, das Bestreben der beiden Hauptaktionäre in den 6 Wochen zwischen Anmeldung des Vergleichs und dem Anschlußkonkurs war primär darauf gerichtet, den eigenen Schaden möglichst gering zu halten.

Je mehr Zeit ins Land ging, desto geringer wurde allerdings die Chance, daß man noch einen Käufer für die Aktien fand. Wer wollte schon das Risiko eingehen, mit eventuellen Rückforderungsprozessen der Kabelgesellschaften oder Schadenersatzforderungen der Anleger in Millionenhöhe belastet zu werden? Die Hannover Rückversicherungs AG, die auf Drängen von Hertz-Eichenrode noch Ende Oktober ein 15 Millionen Mark-Darlehen an die Gundlach & Sülter AG gewährt hatte, damit diese die begonnenen Kabelnetze in Wedemark, Balve und Salzhemmendorf fertigstellen konnte, versuchte, ihr Darlehen zu retten. In tagelangen Besprechungen wurde vom Vergleichsverwalter Mühl mit dem Vorstand der Hannover Rück ein Vertrag ausgehandelt, der die Veräußerung dieser Kabelnetze an die Hannover Rück noch vor dem Konkurs beinhaltete. Durch den Vertrag wurde sichergestellt, daß die maßgeblich von der Hannover Rück finanzierten Kabelnetze vor dem Zugriff anderer Gläubiger gerettet wurden. Gegenüber der Presse wurde dieser Vertrag als eine besonders mittelstandsfreundliche und soziale Geste des HDI-Konzerns verkauft, da durch diese Transaktion Arbeitsplätze gerettet und Anschluß-Konkurse bei Handwerksbetrieben verhindert würden.

Mühl führte sämtliche Verhandlungen weitgehend ohne mich. Offiziell schob er die Begründung vor, daß ich noch in der Einarbeitungszeit sei, was auch letztlich zutraf, und die leitenden Mitarbeiter die Zahlen besser kennen würden. Ich habe mich dann zunehmend um die Aufarbeitung möglicher Rückforderungsansprüche gegen die früheren Vorstände und deren Berater bemüht. Hierbei stieß ich auf erhebliche Widerstände. Von welchem der hochdotierten Berater auch immer ich Leistungsnachweise verlangte, ich bekam sie nicht oder so unvollständig, daß eine Überprüfung der Angemessenheit der Honorare nicht möglich war.

Rechtsanwalt Dr. Böx – sein Büro hatte fast eine Million Mark an Honoraren erhalten – teilte mir auf meine diesbezüglichen Bemühungen, die an eine schriftlich an ihn gerichtete Aufforderung des Vorstandsvorsitzenden der HANNOVER Finanz anknüpften, umgehend 200000 DM Honorar an die Gundlach & Sülter AG zurückzuerstatten, mit, daß Hertz-Eichenrode und er zwischenzeitlich »Frieden« miteinander geschlossen hätten. Hertz-Eichenrode habe definitiv auf Honorarrückerstattungen verzichtet. Erst wenige Wochen zuvor hatte Herr Hertz-Eichenrode mir nahegelegt, mich unbedingt um eine Rückerstattung von Honoraren bei Böx zu kümmern und mir entsprechende Schriftstücke überreicht, an deren Ernsthaftigkeit nicht der geringste Zweifel bestehen konnte. Nachdem ich genau dies tat, traf er hinter meinem Rücken Arrangements mit Dr. Böx, die seine eigenen und meine Bemühungen, Rückerstattungen zu realisieren, ad absurdum führten.

Nicht viel besser erging es mir mit dem Gundlach & Sülter-Berater Dieter Lindemann aus Baiersbronn. Dessen Firma PBB Elektro-, Planungs-, Beratungs- und Betriebsgesellschaft erhielt seit Anfang 1987 monatlich 2500 Mark zuzüglich Mehrwertsteuer für Beratungen bei Verkabelungsvorhaben und die Herstellung von Kontakten. Von mir befragt, um welche Kontakte es dabei eigentlich gehe, berichtete er mir, daß er die notwendigen Kontakte zum Bundespostministerium herstelle und pflege. Ich war sehr überrascht, daß ein in der Verkabelung tätiges Unternehmen mit Sitz Hannover sich zwecks Kontaktpflege zu Bonner Postbeamten einen Handwerker aus dem Schwarzwald »leistete«. Herr Lindemann betonte, daß er schließlich »excellente Kontakte« zur politischen Spitze des Bundespostministeriums habe, so auch zu Minister Dr. Schwarz-Schilling selbst. Besonders brisant wurde der Vorgang dadurch, daß die Gundlach & Sülter AG für die politische Lobbyarbeit in Bonn, wozu auch die Kontaktpflege zu wichtigen Beamten und Politikern gehörte, sich seit zwei Jahren eine Agentur in Bonn leistete. Diese erhielt immerhin 60 000 Mark jährlich. Damit aber noch nicht genug! Herr Lindemann hatte außerdem über eine Million Mark von der Gundlach & Sülter AG für die »Vermittlung des Kabelprojektes Stuttgart« erhalten. Die mit dem Gundlach & Sülter-Vorstand getroffene, im November 1986 unterzeichnete Vereinbarung lautete: »Für die Vermittlung des Kabelprojektes Stuttgart und das im Rahmen ihrer Möglichkeit kaufmännische und technische Management bei der Gründung der Kabelgesellschaft Stuttgart erhält die sich in Gründung befindliche PBB-GmbH in Baiersbronn den Betrag von 1 050 000 Mark plus gesetzlicher Mehrwertsteuer. Für das Vorhaben wünsche ich gutes Gelingen und biete gute Zusammenarbeit an.« Dies war eine in vielerlei Hinsicht bemerkenswerte Vereinbarung, vor allem im Hinblick auf die Verflechtungen zwischen Politik und Wirtschaft.

Die Kabelgesellschaft in Stuttgart war nämlich ein sogenanntes Kooperationsmodell. Die Deutsche Bundespost hatte solche Projekte in einigen ausgewählten bundesdeutschen Städten laufen. Dahinter stand die politische Absicht, verstärkt private Unternehmen, insbesondere aus dem Handwerk, an Verkabelungen zu beteiligen. Dies geschah in Form von Kooperationsverträgen, die die Gründung privater Kabelgesellschaften vorsahen. Diese Gesellschaften führten dann die Verkabelung bzw. die Vermarktung des Kabelnetzes in vorher von der Post festgelegten Grenzen unter ihrer Fachaufsicht und in Abstimmung mit ihr durch. In der Kabelgesellschaft Stuttgart wurde die Gundlach & Sülter AG – offenbar tatsächlich durch Vermittlung des Handwerksmeisters Lindemann – Hauptgesellschafterin.

Nachdem ich vor Ort festgestellt hatte, daß die PBB keinesfalls bei der Gründung der Kabelgesellschaft Stuttgart technische und kaufmännische Leistungen erbracht hatte, die den Gegenwert von über einer Million Mark gerechtfertigt hätten, versuchte ich über Herrn Lindemann in Erfahrung zu bringen, wieso denn eigentlich »Vermittlungsprovision« in Höhe von 1,05 Millionen Mark für ein Kabelprojekt, das in Zusammenarbeit mit der Deutschen Bundespost erfolgte, geflossen sind. Lindemann versprach mir, eine umfangreiche Dokumentation über seine »Vermittlungsleistungen« zu übergeben. Kurz vor dem vereinbarten Gespräch in Hannover sagte er den Termin ab. Zwei Tage später erhielt ich einen Brief von ihm, der anstelle der umfangreichen Leistungsnachweise zur Begründung für das Millionenhonorar folgende Hinweise enthielt: »Es ist erstaunlich, wie Sie Leistungen beurteilen, deren Umfang Ihnen nicht bekannt ist. Die PBB hat umfangreiche Leistungen gegenüber der Gundlach & Sülter AG erbracht, u. a. gehörte dazu das Zusammenführen relevanter Marktpartner. Hier darf ich auf die Deutsche Bundespost und das Handwerk verweisen. Vor dem Hintergrund dieser Tatsachen und Leistungen sehe ich ihre Anfrage als erledigt an.« Soweit zu den erschöpfenden Leistungsnachweisen des Trägers der goldenen Ehrennadel des Elektrohandwerks!

Natürlich frage ich mich, was der neuerliche Hinweis auf die Deutsche Bundespost im Zusammenhang mit der Vermittlungsprovision von über einer Million Mark bezwecken sollte. Es war mit Sicherheit nicht die politische Absicht der Bundesregierung, durch die Schaffung von Kooperationsmodellen zur Verkabelung den Grundstock für obskure Vermittlungsprovisionen in Millionenhöhe zu legen. Da ich die meisten der für die Verkabelung verantwortlichen Beamten im Bundespostministerium recht gut kannte, erschien es mir auch völlig abwegig, daß Teile der sogenannten Vermittlungsprovision ins Bundespostministerium geflossen sind. Die Frage, wofür die Vermittlungsgebühr gezahlt worden ist und wo das Geld letztendlich geblieben ist, konnte ich jedoch nicht mehr aufklären. Ich habe den gesamten Vorgang dem vom Vergleichsverwalter Mühl inzwischen eingeschalteten Rechtsanwalt Lorenz aus Hannover übergeben und um straf- und zivilrechtliche Prüfung der Angelegenheiten gebeten. Von ihm habe ich dann nichts mehr gehört. Statt dessen erfuhr ich von einem Mitarbeiter, daß Herr Lindemann sich bei Herrn Sülter über mein »unmögliches Betragen« beschwert habe. Herrn Sülter passe es überhaupt nicht, daß ich versuchte, Rückerstattungen von m. E. ungerechtfertigt hohen Honoraren, die die Gundlach & Sülter AG an ihre diversen Berater gezahlt hatte, zu erreichen.

Sülter begann nun mit der von ihm angedrohten Schlammschlacht. Wenige Tage nach dem denkwürdigen Brief seines Ex-Beraters Lindemann erreichte mich ein Schreiben seines Rechtsanwaltes Dr. Dieckmann aus Hannover. Dieckmann kündigte mir im

Auftrag seines Mandanten Schadensersatzforderungen an, weil ich eine »falsche Pressearbeit« betrieben hätte, durch die Sülter geschädigt worden sei. Dieckmann forderte mich auf, »weitere Informationen an die Presse vorher mit Herrn Sülter abzustimmen«. Er schrieb wörtlich: »Wegen des angemeldeten Schadensersatzanspruches liegt es in *Ihrem Interesse,* sehr geehrte Frau Raddatz, diese Abstimmung mit Herrn Sülter zu suchen.« Wenige Tage später teilte Dieckmann mir mit, der durch mich verursachte Schaden seines Mandanten bestehe darin, daß die Firma LPKF GmbH aus Hannover entgegen ursprünglicher Absichten nicht mehr bereit sei, Sülter als Gesellschafter-Geschäftsführer in ihrem Unternehmen einzustellen. Die Presseveröffentlichungen hätten dazu beigetragen, die Entscheidung, Herrn Sülter als Geschäftsführer einzustellen, rückgängig zu machen.

Leider vergaß Dr. Dieckmann in seinem Bestreben, mich in Zukunft vor irgendwelchen nicht mit seinem Mandanten abgestimmten Meinungsäußerungen abzuhalten, ein wichtiges Faktum. Sülter war nämlich bereits seit etlichen Jahren für die Firma LPKF tätig und hatte sich diese »Nebentätigkeit« sogar ausdrücklich vom Gundlach & Sülter-Aufsichtsrat genehmigen lassen. Ich wunderte mich, daß ein gestandener Anwalt derart plumpe Einschüchterungsversuche unternahm.

Aber auch an anderer Stelle legte sich Rechtsanwalt Dr. Dieckmann außerordentlich für seinen Mandanten Sülter ins Zeug. Nach Sülters Rücktritt schrieb er an Bernau: »Es ehrt Herrn Sülter, wenn er sich dieser unerträglichen Belastung nicht mehr ausgesetzt sehen wollte.« Nachdem die Geldmittel des Unternehmens erschöpft waren, war der Verbleib im Vorstand für Sülter zweifelsohne nicht mehr sonderlich attraktiv. Wieso es allerdings einen Vorstand »ehrt«, wenn er ein Unternehmen verläßt, nachdem er zuvor kräftig an seiner finanziellen Ausblutung mitgewirkt hat, das bleibt sein Geheimnis.

Immerhin konnte ich dann doch noch eine, wenn auch nicht sonderlich hohe »Rückerstattung« erwirken. Im Rahmen einer Überprüfung zur Vorbereitung des Jahresabschlusses 1989 wurde von den Prüfern festgestellt, daß Gegenstände im Wert von rund 50 000 Mark sich nicht mehr in den Geschäftsräumen der Gundlach & Sülter AG befanden, u.a. ein Schreibtisch der Manufaktur »Louis Majorelle«, Nancy, aus dem Jahre 1900, erstanden bei einem Hamburger Antiquitätenhändler im April 1987 zum Preis von 28 000 Mark. Nachdem ich beide Vorstände schriftlich aufgefordert hatte, mir mitzuteilen, wo die Gegenstände verblieben seien, teilte mir Sülter mit, der Schreibtisch sei sein Privateigentum und »versehentlich« wohl von dem Geschäftskonto der Gundlach & Sülter AG bezahlt worden. Er fügte dann auch sogar einen Scheck, allerdings nur über 26 100 Mark bei, da er die von der Firma gezahlte Mehrwertsteuer einbehielt. Die Dickfälligkeit des Herrn Sülter war schon enorm; denn selbstverständlich war die angeblich »versehentlich« von der Firma gezahlte Rechnung an die Gundlach & Sülter AG gerichtet und von beiden Vorständen abgezeichnet worden. Der Betrag ist dann natürlich auch vom Firmenkonto bezahlt und der Schreibtisch als Zugang zum Geschäftsvermögen der Gundlach & Sülter AG verbucht worden.

Plötzlich sah der Aufsichtsrat, der uns nach dem Rücktritt Sülters aufgefordert hatte, mögliche Schadensersatzansprüche gegen die früheren Vorstandsmitglieder intensiv zu prüfen, meine diesbezüglichen Bemühungen nicht mehr allzu gern. Bernau schrieb mir, es gebe jetzt Wichtigeres als Rückforderungen. Als ich ihn in einer Aufsichtsratssitzung darauf hinwies, daß Mühl die Übernahme- und Verkaufsverhandlungen ohnehin ohne mich führe, zeigte er hierfür größtes Verständnis. Sein Kommentar lautete: »Wer nimmt eine Frau wie Sie schon für voll. Wir im Aufsichtsrat jedenfalls nicht, und deshalb können wir Mühls Verhalten sehr gut verstehen«. Die Art und Weise, wie Bernau das sagte und das »augenzwinkernde« Einverständnis unter den drei Aufsichtsräten machten mich wütend. Das erste Mal platzte mir der Kragen, und ich forderte Bernau auf, diese unverschämte Äußerung näher zu erklären. Bernau meinte nur lakonisch »Mühl hat mir gesagt, daß er Sie nicht ernst nimmt, weil Sie keine Ahnung haben«. Ich rief daraufhin Herrn Mühl an, der sehr empört tat: »Warum sollte ich so etwas über Sie sagen?« Mühl behauptete sogar, Bernau zur Rede stellen zu wollen. Ich möge ihm doch bitte eine handschriftliche Notiz über Bernaus Aussagen in seine Postmappe legen. Vermutlich gehe es dem Aufsichtsrat lediglich darum, mir meine im Falle eines Konkurses zustehenden Abfindungsansprüche streitig zu machen, indem man mich lächerlich machen wolle. Er werde mir selbstverständlich schriftlich bestätigen, daß er meine Arbeit sehr wohl ernst nehme. Diese Bestätigung hat er mir allerdings niemals gegeben; statt dessen hat er später meine mir gesetzlich zustehenden Gehaltsansprüche gegen die Konkursmasse ohne Angabe von Gründen bestritten, so daß ich mir diese auf dem Klagewege erstreiten mußte. Bernau schrieb mir auf meine schriftliche Aufforderung, seine Behauptungen näher zu begründen: »Es ist nicht richtig, daß ich erklärt habe, Sie nicht ernst zu nehmen. Ich habe Sie lediglich hinsichtlich einiger Ihrer Ausführungen nicht ernst genommen, da diese keine ernsthafte Respektierung erfahren konnten.« So ersetzte er die eine Beleidigung durch eine andere, ohne zu belegen, welche meiner Aussagen so lächerlich waren.

Es war schon eine vertrackte Situation, in der ich mich befand. Geholt worden war ich angeblich für Öffentlichkeitsarbeit und die Verhandlungen mit der Post. Jetzt aber waren Sanierungsexperten mit Konkurserfahrung gefordert. Da sich der Konkurs immer deutlicher abzeichnete, beschloß ich, wenigstens einigen Mitarbeitern bei der Suche nach neuen Arbeitsplätzen zu helfen.

Mir schien es naheliegend, zunächst einmal den HDI-Vorstand anzusprechen. Aufgrund der Revisionsberichte kannte der HDI-Vorstand die wahren Ursachen des Konkurses und auch die Hauptverantwortlichen. Folglich wußte er auch, daß die Mitarbeiter unterhalb der Führungsebene keine Mitschuld trugen. Ich schrieb deshalb um die Weihnachtszeit an den Vorstandsvorsitzenden des HDI und die Vorstände der Hannover Rück sowie der HANNOVER Finanz und bat darum, die Übernahme von Mitarbeitern, die voraussichtlich kurzfristig arbeitslos würden, in dem HDI-Konzern wohlwollend zu prüfen. Meiner Meinung nach sei es unerträglich, wenn der Konkurs nun auf dem Rücken von Sekretärinnen, kleinen Angestellten und Putzfrauen ausgetragen würde. Meine Bemühungen blieben indes erfolglos. Der HDI-Konzern übernahm keine einzige Person. Ich bemühte mich dann noch bei anderen Unternehmen und auch bei der Staatskanzlei Niedersachsen (meinem früheren Arbeitgeber), die als einzige positiv reagierte und sich bereiterklärte, einen Mitarbeiter einzustellen.

Das Bestreben Mühls, mich kaltzustellen, wurde nach diesem Vorfall noch intensiver. Er nahm nicht einmal mehr Übernahmeinteressenten zur Kenntnis, die sich bei mir als amtierendem Vorstand gemeldet und um eine gemeinsame Besprechung mit ihm gebeten hatten. Bereits kurz vor Weihnachten hatte die Urbana GmbH aus Hamburg Interesse an der Übernahme von Vermögenswerten, möglicherweise auch ganzer Unternehmensteile der Gundlach & Sülter AG bekundet. Mühl sagte zu, sich mit der Urbana GmbH kurzfristig in Verbindung zu setzen. Meine Teilnahme an dem Gespräch sei jedoch nicht erforderlich. Etwa drei Wochen später rief ich Herrn K. von der Geschäftsleitung der Urbana an und erkundigte mich nach dem Fortgang der Verhandlungen. Zu meinem Erstaunen hörte ich von ihm, daß Mühl sich überhaupt nicht mit ihm in Verbindung gesetzt hatte. Als ich Mühl auf die Angelegenheit ansprach, reagierte er zwar ziemlich aggressiv – »Was geht Sie das überhaupt an!« –, war dann aber immerhin doch bereit, ein Gespräch mit der Urbana GmbH zu führen. Einen Tag vor dem Konkurs unterbreitete die Geschäftsleitung der Urbana uns ein recht passables Angebot für zwei unserer größten Finanzbeteiligungen. Mühl war jedoch mehr daran interessiert, diese an die SÜWEDA zu verkaufen, mit der dann die Verträge auch abgeschlossen wurden.

Besonders überrascht hat mich bei Mühl, einen vom Konkursgericht bestellten Konkursverwalter, daß er trotz Kenntnis der HDI-Revisionsberichte und des unübersehbaren Mißmanagements der früheren Vorstände sichtlich bemüht war, ein gutes Verhältnis zu ihnen aufzubauen. Wiederholt nahm der erst wenige Wochen zuvor vom Aufsichtsrat mit einem Hausverbot belegte Ex-Vorstand Sülter an Verhandlungen mit Mühl teil und bekam von ihm sogar vertrauliche Unterlagen.

Eine zunehmend wichtigere Beraterrolle für Mühl nahm auch der Gundlach & Sülter-Steuerberater Egbert Nölken ein. Das HDI-Vorstandsmitglied Dr. Reichmann hatte erst wenige Wochen zuvor empfohlen, daß wir Nölken wegen seiner »unverschämten Gebührenabrechnungen« bei der Wirtschaftsprüferkammer anzeigen sollten. Das haben Herr Mumme und ich allerdings nicht getan. Ich bemühte mich statt dessen darum, Nölken zur Rückzahlung eines Teils seines Honorars zu veranlassen. So hatte Nölken aufgrund einer Pauschalhonorarvereinbarung allein für das Jahr 1987 eine Million Mark an Gebühren kassiert. Die Honorarvereinbarungen zwischen dem Wirtschaftsprüfer und dem ehemaligen Vorstand waren merkwürdigerweise mündlich getroffen worden. Zur Begründung der horrenden Höhe seiner Honorare, die bekanntlich von Ende 1986 bis Ende 1988 rund zwei Millionen Mark ausmachten, führte Wirtschaftsprüfer Nölken schriftlich aus:

Die Honorarvereinbarungen bezogen sich auf die Konzeption der Beteiligungsmodelle für die Anleger und hatten hierin ihre alleinige Bemessungsgrundlage. Eine wesentliche hierin (in der mündlichen, von ihm selbst dann schriftlich bestätigten Honorarvereinbarung) nicht angesprochene Leistung bestand in der Betreuung und Steuerung des gesamten Vertriebsapparates in allen wirtschaftlichen und steuerlichen Fragen. Viele Vertriebsabschlüsse sind erst im Rahmen von Telefonaten zwischen Beteiligungsinteressenten und mir zustande gekommen.«

Mit anderen Worten hat Nölken einen erheblichen Beitrag zur Anwerbung der Anleger geleistet. Er bezeichnete sich dann auch selbst als derjenige, von dem die NEUE MEDIEN FONDS 1–3 »konzipiert« worden seien. In einem weiteren Schreiben führte Nölken aus, daß die »geschilderten Vorgänge« (gemeint waren die den Anlegern unterbreiteten Beteiligungsangebote) »die wirtschaftliche Basis der AG bildeten«. Dies traf in der Tat zu: Ohne die Beteiligungsofferten an die Anleger und die daraus erzielten Einnahmen hätte die AG nicht existieren und hätten die Vorstände und ihre Berater nicht über Einnahmen in Millionenhöhe verfügen können. Unmißverständlich teilte mir Nölken mit, daß zu »einer Reduzierung der aufgrund einer rechtswirksamen Vereinbarung gezahlten Honorare kein Anlaß bestehe«. Er schrieb mir außerdem:

»Die absolute Höhe des Honorars, auf das Sie offenbar immer abstellen (in Millionenhöhe) ist dann unbedeutend, wenn – wie dargestellt – das Honorar marktüblich und damit angemessen ist. Für die Koordination des Vertriebs der von mir konzipierten neue Medien Fonds wurde zum Beispiel ein Honorar von rund 4,5 Millionen Mark bezahlt.«

Die Tatsache, daß allein für die »Koordination« des Vertriebs der Kapitalanlagen – nicht den Vertrieb selbst – 4,5 Millionen Mark*

* Nach Feststellungen der HDI-Revision waren es fast 6 Millionen Mark

gezahlt wurden, war für mich allenfalls ein Hinweis auf die Plünderungsstrategie, mit der sich die Berater auf Kosten der Anleger in kurzer Zeit zu Millionären machten. Ein Beleg für die Angemessenheit des Zwei-Millionen-Honorars war dieser Hinweis nun wirklich nicht. Nun zog der Vergleichsverwalter Mühl Nölken verstärkt zu seinen Übernahme- und Verkaufsverhandlungen hinzu. Von Honorarrückerstattungen war keine Rede mehr.

Doch nicht nur das merkwürdige Verhalten des Vergleichsverwalters und des Aufsichtsrates stellte mich vor Probleme, auch einige der leitenden Mitarbeiter zeigten immer deutlicher ihre Feindseligkeit. Ein Mitarbeiter entzog mir in Abstimmung mit Mühl sogar die Bankvollmachten für die Direct-Sat GmbH, eine hundertprozentige Tochtergesellschaft der Gundlach & Sülter AG. Als ich ihn zur Rede stellte, wurde er regelrecht ausfallend. Ich mahnte ihn dann zwar schriftlich ab, konnte aber weiter nichts machen, da Kündigungen nur mit Genehmigung des Aufsichtsrates möglich waren.

Ganz besonders empörte es mich, daß der Aufsichtsrat kurz vor Weihnachten diesem Mitarbeiter hinter meinem Rücken eine Sonderzahlung von über 34 000 Mark zubilligte. Der Mitarbeiter hatte nach dem Ausscheiden Gundlachs im September die Geschäftsführung für die drei Medienfonds übernommen. Mitte Oktober sprach er mich an und bat um Prüfung, ob er im Zusammenhang mit dieser Tätigkeit nicht eine Gehaltserhöhung bekommen könne. Zu dieser Zeit glaubte ich aufgrund meines damaligen Informationsstandes noch, daß die Gundlach & Sülter AG allein schon wegen der zugesagten Kapitalzufuhr keine existentiellen Probleme habe. Vor allem hielt ich die Medienfonds für gesund. Ich sagte dem Mitarbeiter deshalb zu, die Möglichkeit einer Gehaltserhöhung im Aufsichtsrat zur Sprache zu bringen. Nachdem ich wenig später erfuhr, wie schlimm es in Wirklichkeit um die Gundlach & Sülter AG und die Fonds bestellt war, war die Angelegenheit für mich erledigt. Schließlich mußte der Mitarbeiter mit 12 500 Mark Monatseinkommen nicht am Hungertuch nagen. Der aber sah das ganz anders! Als Anfang Dezember die Gesellschaftsversammlung anstand und die Geschäftsführung und der Aufsichtsrat der Medienfonds den empörten Anlegern und ihren Beratern Rede und Antwort stehen sollten, setzte er Dr. Bernau die Pistole auf die Brust. Er stehe als Geschäftsführer der Medienfonds für die Gesellschafterversammlung nur zur Verfügung, wenn er für jeden Fonds 10 000 Mark zuzüglich Mehrwertsteuer erhalte. Bernau, der natürlich wußte, welche turbulente Versammlung ihm bevorstand, gab sofort sein Einverständnis. Er konnte so großzügig sein, weil das Geld von den Geschäftskonten der Medienfondsgesellschaften bezahlt wurde, ihn als Gundlach & Sülter-Hauptaktionär also nicht unmittelbar betraf. Dennoch hätte es der Zustimmung des Vorstandes der Gundlach & Sülter AG bedurft; denn die V ergütungen des Geschäftsführers der Medienfonds GmbH konnten nur mit Beschluß der Gesellschafter, und dies war die Gundlach & Sülter AG (also ihr Vorstand) festgelegt werden.

Nachdem ich von einer Mitarbeiterin aus der Buchhaltung von dem Vorgang erfahren hatte – die entsprechenden Schecks hatten der Finanzvorstand Mumme und der Mitarbeiter selbst unterschrieben –, stellte ich den Mitarbeiter zur Rede, der mich an Bernau verwies. Ich beschwerte mich daraufhin schriftlich bei diesem, der mir dazu nur mitteilte, die Gesellschafterversammlung der drei Medienfonds (mit anderen Worten die Anleger) habe durch Gesellschaftsbeschluß die Sondervergütung für den Mitarbeiter beschlossen, und dies sei auch protokolliert. Das entsprach jedoch nicht der Wahrheit. Schließlich hatten die Gesellschafter gerade auf dieser Versammlung die Gundlach & Sülter AG ausgeschlossen und eine neue Geschäftsführung gewählt. Den unzufriedenen Anlegern lag es völlig fern, ausgerechnet einem Gundlach & Sülter-Mitarbeiter eine Sonderzahlung aus Anlegermitteln zuzubilligen. Es fand sich deshalb auch kein entsprechender Beschluß im Gesellschafterprotokoll. Ich hatte jetzt nicht mehr die Absicht, Bernau seine Unverfrorenheit durchgehen zu lassen und teilte ihm das Ergebnis meiner Feststellungen mit. Seine Lüge und sein gegen gesetzliche Bestimmungen verstoßendes Verhalten blieb jedoch ohne irgendwelche Konsequenzen. Zwar erschien kurz darauf Herr B., neues Aufsichtsratsmitglied der Medienfonds in meinem Büro, um einen Strafantrag gegen Mumme als Finanzvorstand und den betreffenden Mitarbeiter wegen der Sondervergütung, die letztlich aus Anlegermitteln bestritten worden sei, anzukündigen. Doch die Angelegenheit verlief dann im Sande, wie viele andere vorher und nachher.

Kopfzerbrechen bereiteten mir aber auch die verlustträchtigen Tochtergesellschaften wie die CDS GmbH. Das vor einem Jahr erworbene Patent, die sogenannte »schlaue Dose«, hatte sich am Markt nicht bewährt. Der Erfinder Neuberger, der für ein Jahresgehalt von 140 000 Mark neben seiner Tätigkeit als Handwerksmeister in München gleichzeitig technischer Geschäftsführer der CDS GmbH geworden war, eröffnete mir Ende November, daß er nochmals Entwicklungskosten von rund 1 Million Mark benötigte, um das »Gesamtsystem vermarktungsfähig zu machen«. Etwa zur gleichen Zeit veröffentlichte der »Spiegel« einen Bericht, in dem neue technische und vor allem preiswerte Konkurrenzprodukte beschrieben wurden. Das Geschäft mit der »schlauen Dose« erschien mir auch deshalb mehr als riskant. Es war außerdem fraglich, ob die CDS GmbH jemals die Genehmigung der Post für das Gesamtsystem bekommen würde. Eine Bestandsaufnahme der Kontenstände bei der CDS GmbH ergab zudem einen beängstigenden Schuldenstand.

Ich erteilte Neuberger hinsichtlich seiner Wünsche nach einer Geldspritze von einer weiteren Million eine deutliche Absage und schlug ihm vor, einen Partner aus der Industrie für die CDS GmbH zu finden. Wenn das Patent wirklich 2 Millionen Mark wert war, müßte sich doch ein Interessent finden lassen. Neuberger führte dann auch verschiedene Gespräche, unter anderem mit der Firma Hirschmann und der Fuba aus Bad Salzdetfurth, allerdings ohne Erfolg. Herr Haenel von der Fuba rief mich an und berichtete mir, daß er seine Mitarbeiter angewiesen habe, dem »Spinner Neuberger« Hausverbot zu erteilen. Ich fragte ihn, weshalb denn der Aufsichtsrat, d.h. auch er, erst ein Jahr zuvor seine Zustimmung zu dem Kaufpreis von 2 Millionen Mark gegeben habe. Schließlich sei doch das Patent seiner Meinung nach nichts wert. Haenel versicherte mir, er habe seine Zustimmung verweigert, sich aber gegenüber Bernau und Schandelmaier nicht durchsetzen können.

Wenige Tage vor dem Konkurs unterbreitete Neuberger über seinen Münchner Anwalt ein Kaufangebot für den von der Gundlach & Sülter AG gehaltenen fünfzigprozentigen Gesellschaftsanteil an der CDS GmbH. Neuberger, der für sein Patent ein Jahr zuvor 2 Millionen Mark bekommen hatte, bot jetzt einen Kaufpreis von 200 000 Mark. Damit hätte die Gundlach & Sülter AG nicht einmal ihre Stammeinlage von 250 000 Mark wiederbekommen, geschweige denn den von ihr für das Patent gezahlten Preis. Ich forderte Neuberger auf, diesen Widerspruch aufzuklären. Er gab darauf seitenlange Erklärungen ab, die jedoch keine nachvollziehbare Begründung für den »rapiden Wertverfall« des Neuberger-Patentes enthielten.

Der Vergleichsverwalter teilte meine Bedenken hinsichtlich dieses merkwürdigen Geschäftes nicht. Er signalisierte Bereitschaft, Neuberger die anteilige CDS GmbH einschließlich des 2 Millionen Patentes für nur 200 000 Mark zu überlassen. Dies hat er später dann vermutlich auch getan; denn der Sitz der in einer internen Vorstandsvorlage von Gundlach & Sülter als »leistungsfähige Forschungsgruppe für innovative Technologieentwicklungen« bezeichneten Firma wurde nach dem Konkurs nach München verlegt.

Kurz vor dem Konkurs gründete der Leiter der Abteilung für den Bau und die Betreuung eigener kompletter Kabelnetze, Herr S., eine neue Firma. In diese neue Projektgesellschaft übernahm er den größten Teil der Mitarbeiter seiner ehemaligen Abteilung. So konnte wenigstens für diese Mitarbeiter eine Anschlußarbeitslosigkeit vermieden werden.

Einen Tag vor der Konkursanmeldung am 31.1.1990 teilte mir Mühl mit, daß er als Konkursverwalter meinen Dienstvertrag kündigen werde. Er stellte mir jedoch in Aussicht, mich bezüglich der Geltendmachung von Rückforderungen gegenüber den früheren Vorständen als Beraterin einsetzen zu wollen. Dies ist jedoch – wie kaum anders zu erwarten – nie geschehen.

Der Aufsichtsrat tagte am 30.1.1990 zum letzten Mal und verabschiedete noch eine Reihe von Beschlußvorlagen zur Gründung von sechs Auffanggesellschaften. Mühl hatte die Gründung diverser Auffanggesellschaften angeblich aus konkursrechtlichen Gründen durchgesetzt. In die Auffanggesellschaften G + S 1 bis G + S 6 wurden die wichtigsten Vermögenswerte, über die die Gundlach & Sülter AG noch verfügte, eingebracht. Geschäftsführer dieser Auffanggesellschaften wurde einer der leitenden Gundlach & Sülter-Mitarbeiter, der zuvor für das Controlling in einigen Kabelgesellschaften und damit die Überprüfung der sachgerechten Verwendung der Anlegergelder verantwortlich war.

Derselbe Aufsichtsrat, der mir fünf Monate zuvor einen 5-Jahresvertrag für eine interessante zukunftsträchtige Aufgabe offeriert hatte, hatte kein einziges Wort des Abschieds für mich übrig. Auch Herr Haenel, mit dem ich über 10 Jahre gut bekannt war und der mich letztlich in diese fatale Lage gebracht hatte, brachte kein einziges Wort des Bedauerns über seine Lippen. Dennoch war ich erleichtert, als der letzte Arbeitstag vor der Tür stand und ich endlich alles hinter mir lassen konnte:

- einen Aufsichtsrat, der mich von Anfang an hinters Licht geführt hatte;
- Mitarbeiter auf der Leitungsebene, die mir von Beginn an jegliche Unterstützung versagt hatten;
- eine wirtschaftlich und finanziell aussichtslose Lage einer nach dem Abschreibungskonzept organisierten Unternehmensgruppe;
- eine durch schwierige Konflikte zwischen den Anlegern, den Kabelgesellschaften und der Gundlach & Sülter AG belasteten Situation.

Am 31. Januar wurde, nur drei Jahre nach ihrer Gründung, vom Konkursgericht Hannover das Konkursverfahren über die Gundlach & Sülter AG eröffnet. In der vom Konkursverwalter aufgestellten Konkurs-Eröffnungsbilanz wurde eine Überschuldung von 47,4 Millionen Mark ausgewiesen, wobei die von den Medienfonds angemeldeten Schadensersatzansprüche gegen die Gundlach & Sülter AG in Höhe von über 40 Millionen Mark nicht berücksichtigt wurden.

Der mir vom Aufsichtsrat offerierte Fünfjahresvertrag hatte nicht einmal 5 Monate gehalten, nur drei Monate hatte ich Gehalt bekommen.* Die von Haenel als »einmalige Chance und besonders attraktive Aufgabe« bezeichnete Vorstandstätigkeit hatte sich

---

* Die beiden restlichen Monatsgehälter, deren Auszahlung der Konkursverwalter mir verweigerte, habe ich später auf dem Klageweg erstritten.

für mich als Alptraum erwiesen. Ich hatte von Anfang an nicht die geringste Chance, die Dinge zum Besseren zu wenden. Viel zu tief war die Gundlach & Sülter AG in finanzielle Machenschaften zu Lasten der 900 Anleger verstrickt, zu groß der bereits eingetretene Schaden in den vermeintlich »hochrentablen Anlageobjekten«, die sich bei näherem Hinsehen als konkursbedrohte, zumindest aber schwierige Sanierungsfälle erwiesen.

In den wenigen Wochen, die mir zur Verfügung standen, war ich auf ein kaum überschaubares Beziehungsgeflecht zwischen Gundlach & Sülter-Verantwortlichen, Hintermännern und Beratern gestoßen, die in kurzer Zeit Millionen aus dem Unternehmen gezogen hatten und die allesamt an einem Strang zogen, wenn es darum ging, unliebsame Fragesteller wie mich abzuwehren. Ich hatte von vornherein auf verlorenem Posten agiert, weil die wirtschaftliche und tatsächliche Macht derjenigen, die die von mir angestrebte Aufklärung von Unregelmäßigkeiten bis hin zu wirtschaftlichen Straftaten wie Untreue, falsche Bilanzdarstellung und Kapitalanlagebetrug, verhindern wollten, um ein Vielfaches höher war als meine.

Als ich am Nachmittag des 31. Januar meine Sachen packte und mein feudales Büro bei der Gundlach & Sülter AG verließ, war ich erleichtert, diesem Netzwerk aus Intrigen, unseriösen Machenschaften und permanenten Einschüchterungsversuchen entrinnen zu können. Zu diesem Zeitpunkt ahnte ich nicht, daß der eigentliche Ärger mir noch bevorstand.

Teil III
Was danach geschah
Ab Februar 1990

1. Die Anleger machen mobil

Kein Geld ist vorteilhafter angelegt als das, um das wir uns haben prellen lassen. Denn dafür haben wir Erfahrung eingehandelt.

Arthur Schopenhauer

Der Konkurs der Gundlach & Sülter AG, die bei immerhin 900 Anlegern 65 Millionen Mark eingeworben hatte, erregte in der Öffentlichkeit erhebliches Aufsehen. Die Presse fragte sich, ob hier nicht wieder einmal gutgläubige Anleger Opfer gerissener Abschreibungsprofis geworden waren? Mit der Schlagzeile »Kabel und Kabale« kommentierte »Die Zeit« den Firmenzusammenbruch. Die »Frankfurter Rundschau« stellte fest, daß sich »das Breitbandkabel – eine vermeintliche Geldader – als Stolperdraht für die geprellten Anleger erwiesen habe«. Bei den Anlegern verfestigte sich der Eindruck, zum Vorteil einiger weniger Profiteure geschädigt worden zu sein. »Wir sind von der Gundlach & Sülter AG schlicht beklaut worden, und der Aufsichtsrat hat seinen Segen dazu gegeben« meldete sich der aufgebrachte Anleger Bernd Borregaard in diversen Zeitungen zu Wort. Im Norddeutschen Rundfunk erklärte er gar, daß die Anleger »belogen und betrogen« worden seien. Der Kapitalmarktexperte Heinz Gerlach aus Oberursel warf dem Aufsichtsrat im »gerlach report« (einem Anlegerschutz-Informationsblatt) vor, er habe die Anleger brutal ins Messer laufen lassen.

In dieser Situation lag es nahe, die Interessen der geschädigten Anleger zu bündeln. Zur Schlüsselfigur wurde dabei ausgerechnet der frühere Vertriebskoordinator und Kleinaktionär der Gundlach & Sülter AG, Harro Lein. Geschickt hatte Lein es bereits auf der Gesellschafterversammlung der Anleger Anfang Dezember in Hannover verstanden, sich als Helfer der Anleger in der Not anzudienen. Er betrieb die Abwahl der Gundlach & Sülter AG als persönlich haftende Gesellschafterin der Medienfonds und erreichte, daß seine Firma Regie Geschäftsführungsgesellschaft mbH aus München als neue persönlich haftende Gesellschafterin der Medienfonds gewählt wurde. Lein selbst fungierte zunächst als Interimsgeschäftsführer. Für seine Tätigkeit ließ Lein sich mehr als großzügig entlohnen. Allein für die Zeit vom 7.12. bis 31.12.1989 stellte die Regie GmbH den Medienfonds rund 130000 Mark in Rechnung.

Auch der ebenfalls Anfang Dezember von den Gesellschaftern neu gewählte Aufsichtsrat der Medienfonds war ganz nach dem Geschmack von Lein. Zum Aufsichtsratsvorsitzenden lancierte Lein den bisherigen Treuhänder der Medienfonds, den Wirtschaftsprüfer Carl-Ulrich Bremer aus Hamburg. Zwischen die Kapitalanleger und Kommanditgesellschaften (hier die Medienfonds) werden häufig Treuhänder eingeschaltet, die, wenn es sich wie im hier vorliegenden Fall um Wirtschaftsprüfer handelt, gegenüber den Anlegern eine Garantenpflicht haben, sie über alle wesentlichen Umstände aufzuklären. Bremer hatte für seine Tätigkeit als Treuhänder der drei Medienfonds immerhin weit über 300000 Mark erhalten. Obwohl der hoch dotierte Bremer als Treuhänder Anlegergelder für so fragwürdige Projekte wie die Kabelcom Würzburg freigegeben und damit an dem rapiden Wertverfall der Anlegergelder nicht ganz unbeteiligt sein dürfte, wurde er einstimmig zum neuen Aufsichtsratsvorsitzenden gewählt.

Lein und Bremer kannten sich nicht nur über ihre Tätigkeiten bei den Medienfonds, sondern auch aus anderen Projekten. So übte Bremer die ebenfalls gut dotierte Treuhänderschaft für einen weiteren von Lein initiierten Anlegerfonds, die Media Programm Lizenzverwertung GmbH & CO. KG aus. Auch von den anderen im Dezember neu gewählten Aufsichtsratsmitgliedern, wie den mit ihm befreundeten Rechtsanwalt Dr. Peter von Borch, München, und Rechtsanwalt Dr. Bernd Nölle, hatte Lein keine besonders kritische Kontrolle und Überwachung seiner Geschäftsführertätigkeit zu befürchten. Nölle lobte Leins Geschäftsführertätigkeit in der Fachpresse »als besonders glücklich für die Anleger«.

Der Mitte Januar vom Aufsichtsrat als neuer Geschäftsführer für die Medienfonds berufene Bernd Borregaard wurde kurzerhand wieder vor die Tür gesetzt, als er sich unmittelbar nach seiner Amtsübernahme mit Lein überwarf. Der »Interimsgeschäftsführer« Lein ließ sich dann auf einer Gesellschafterversammlung Anfang Mai 1990 in Hannover erneut zum Geschäftsführer der Medienfonds wählen. Zuvor hatte Lein dafür gesorgt, daß seine Regie GmbH durch drei andere ebenfalls von ihm geführte Firmen (Alpha-, Beta-, Gamma-Beteiligungs GmbH) als persönlich haftende Gesellschafterin der Fonds abgelöst wurde. Für die Geschäftsführertätigkeit ließ sich Lein auf der Gesellschafterversammlung eine Vergütung von 300 000 Mark für den Medienfonds 1, 150 000 Mark für den Medienfonds 2 und 205 000 Mark für den Medienfonds 3 – alles zusammen als immerhin fast 700 000 Mark jährlich – bewilligen.

Lein schlug den Anlegern außerdem vor, eine Interessengemeinschaft für alle drei Medienfonds zu bilden, um die Schadensersatzansprüche gegen die Gundlach & Sülter AG und ihre Hintermänner gemeinsam durchzusetzen. Auch für die neu gegründete Interessengemeinschaft, die AAA Unternehmensberatungs GmbH, diente sich Lein als Geschäftsführer an. In diesem Fall ließ er die Frage der Honorierung für seine Dienste jedoch vorerst noch offen. Die Abtretung ihrer individuellen Schadensersatzansprüche an die AAA wurde den Anlegern damit schmackhaft gemacht, daß sie durch Bündelung der Interessen »ihre Ansprüche kostengünstiger geltend machen könnten«. Die AAA beabsichtigte – so versprach Lein –, mit den für die Prüfung und Durchsetzung der Schadensersatzansprüche zu beauftragenden Rechtsanwälten eine für sie günstige Gebührenvereinbarung zu treffen.

Seinem Vorschlag folgten immerhin fast achtzig Prozent der Anleger. Lein nutzte nun seine Funktion als Geschäftsführer und beauftragte seinen Bruder, Rechtsanwalt Ulrich Lein aus Düsseldorf, sowie das Rechtsanwaltbüro Klumpe & Partner aus Köln mit der Prüfung möglicher Ansprüche. Die für die Anleger so besonders günstigen Honorarvereinbarungen garantierten den beiden Rechtsanwälten für ihre Tätigkeit ab November 1989 bis zum Juni 1992 Einnahmen von 1,3 Millionen Mark, zuzüglich Mehrwertsteuer.

Mit Abtretungserklärungen und Vollmachten der Anleger ausgestattet erhob die AAA Unternehmensberatungs GmbH Anfang Juli 1990 beim Landgericht Hannover Klage gegen die früheren Aufsichtsräte Dr. Manfred Bernau, Hans Peter Schandelmaier und Manfred Haenel sowie die Gundlach & Sülter-Aktionäre HANNOVER Finanz und die BB Kapitalbeteiligungsgesellschaft Berlin auf Zahlung von Schadensersatz in Höhe von 40 Millionen Mark. Ihre Klageforderung begründete die Klägerin mit Ansprüchen der Anleger aus Prospekthaftung und Kapitalanlagebetrug sowie Ansprüchen wegen Schlechterfüllung der Geschäftsbesorgungsverträge als Aufsichtsräte der drei Medienfonds.

Die beiden Firmengründer und Ex-Vorstände Gundlach und Sülter, die als Geschäftsführer der Medienfonds den größten Einfluß auf die Verwendung der Anlegermittel hatten, wurden überraschenderweise von der AAA nicht verklagt. Möglicherweise zahlte sich nun die langjährige Freundschaft des ehemaligen Vertriebskoordinators Lein mit den Ex-Vorständen aus. Vielleicht handelte es sich aber auch um einen taktischen Schachzug der Klägergruppe, die sich von den Ex-Vorständen Hilfe bei der Durchsetzung ihrer Schadensersatzansprüche gegen die drei Aufsichtsräte erhoffte.

Die Klägervertreter bedienten sich in ihrer Klageschrift einer mehr als deutlichen Sprache, um dem Landgericht Hannover den erlittenen Schaden der Anleger plastisch klarzumachen. Das mit Hilfe der Gundlach & Sülter-Prospekte auf dem Anlagemarkt eingesammelte Kapital sei in einen Münzspielautomaten, einen sog. einarmigen Banditen, eingeworfen, sodann in insgesamt elf Kabelgesellschaften gelenkt und von dort zielgerichtet mit Hilfe sog. Dienstleisterverträge – bei denen es sich in Wirklichkeit um Geldabräumverträge gehandelt habe – größtenteils abgesaugt worden und zurück an die Gundlach & Sülter AG geflossen. Von dort sei es dann den Initiatoren und Hintermännern der AG zugute gekommen. Diese Hintermänner hätten in erster Linie ihre eigenen wirtschaftlichen Interessen als Aktionäre und Aufsichtsräte verfolgt.

In der mehr als 100 Seiten umfassenden Klageschrift legten die Kläger weiter dar, daß alle mit Hilfe der von der Gundlach & Sülter AG eingeworbenen Anlegergelder gegründeten Kabelgesellschaften konkursreif seien. Die in den Prospekten gemachten Angaben seien unrichtig und unvollständig. Insbesondere hätte nicht verschwiegen werden dürfen, daß für sogenannte Dienstleistungsverträge Honorare in Millionenhöhe an die Prospektherausgeberin selbst, die Gundlach & Sülter AG, zurückgeflossen seien.

Durch die in diesen Verträgen vereinbarten horrenden Honorare sei den Kabelgesellschaften das für ihre wirtschaftliche Existenz notwendige Kapital systematisch entzogen worden. Die Gundlach & Sülter AG habe sich wie eine Spinne im Netz verhalten und sich bewußt über die Interessengegensätze zwischen ihr und den Medienfonds hinweggesetzt. Bei keiner einzigen Kabelgesellschaft sei die Gesamtfinanzierung gesichert gewesen und die in den Prospekten zugesagte Zusammenarbeit mit der Bundespost habe bei drei Kabelgesellschaften überhaupt nicht stattgefunden. Für die Anleger sei aber gerade die Beteiligung der Post von wesentlicher Bedeutung gewesen. Bedenkenlos hätten die Aufsichtsräte die Zustimmung auch zu Investitionen in völlig unsinnige Projekte erteilt. Wären die Aufsichtsräte ihrer Sorgfaltspflicht nachgekommen – so die Kläger –, dann hätten die von der AAA vertretenen Anleger nicht insgesamt 40 Millionen Mark verloren.

Einige Anleger waren indes nicht bereit, ihre Ansprüche ausgerechnet an eine vom früheren Gundlach & Sülter-Vertriebskoordinator angeführte Interessengemeinschaft zu übertragen. Rund 50 Anleger beauftragten kurz nach Konkurseröffnung das Rechtsanwaltsbüro Hollender aus Mönchengladbach mit der Durchsetzung ihrer Schadensersatzansprüche. Auch diese Gruppe erhob Schadensersatzklage beim Landgericht Hannover. Im Unterschied zur AAA klagte diese Gruppe gegen die beiden Ex-Vorstände Gundlach und Sülter. Außerdem richtete sich ihre Klage gegen Dr. Bernau, die HANNOVER Finanz, die BB Kapitalbeteiligungsgesellschaft sowie den Karl-Rauch Verlag, der in den Anlegerbroschüren ebenfalls als honoriger Aktionär erwähnt worden war. Diese Klage zielte auf Zahlung von 5 759 500 Mark, Zug um Zug gegen Übertragung der Kommanditanteile der Kläger an den drei Neuen Medien Fonds auf die Beklagten.

Die Anleger – so trug ihr Rechtsanwalt dem Gericht vor – hätten den Prospektangaben vertraut. Wenn sie um deren Unrichtigkeit und Unvollständigkeit gewußt hätten, wären sie gar nicht erst Gesellschafter geworden. Die Anleger könnten daher die Rückabwicklung des Investments verlangen. Die Beklagten müßten folglich die Beteiligungen der Anleger übernehmen und den Anlegern die dafür aufgebrachten Mittel erstatten. Als treibende Macher und Hauptverantwortliche machte die Klägergruppe neben dem Aufsichtsratsvorsitzenden Dr. Bernau den Vorstandsvorsitzenden der HANNOVER Finanz, Hertz-Eichenrode, aus. Diese hätten nicht nur über den Aufsichtsrat der Gundlach & Sülter AG und der Medienfonds Einfluß genommen und über die Verwendung der Anlegergelder entschieden, sondern auch auf die Geschäftsführung bei der Gundlach & Sülter AG selbst.

Bernau und die HANNOVER Finanz sahen das natürlich ganz anders. Die HANNOVER Finanz teilte dem Gericht und parallel dazu auch der Presse mit, daß die Geschicke in den Kabelgesellschaften ausschließlich von unabhängigen Geschäftsführern und Aufsichtsräten gelenkt worden seien. Den Eindruck, daß die Organe der Gundlach & Sülter AG in Personalunion die Investitionen in den drei Medienfonds gemanagt hätten, sei – so die HANNOVER Finanz – völlig falsch. Halb entschuldigend wies die Hannover Finanz in ihrer Pressemitteilung darauf hin, daß schließlich auch der Treuhänder und Wirtschaftsprüfer Bremer an allen Aufsichtsratssitzungen der Medienfonds teilgenommen und die Investitionen somit überwacht hätte. Außerdem sehe die Geschäftspolitik die HANNOVER Finanz ein Eingreifen in die Geschäftsführung ihrer Beteiligungsgesellschaften grundsätzlich nicht vor.

Was der Vertreter der HANNOVER Finanz in über 40 Aufsichtsratssitzungen der AG und der Medienfonds denn eigentlich getan hat, dazu blieb die HANNOVER Finanz eine Antwort schuldig. Der Eindruck der Anleger, daß die Gundlach & Sülter-Vorstände und Aufsichtsräte die Investitionen der Medienfonds gemanagt hatte, war – trotz gegenteiliger Beteuerungen aus dem HDI-Konzern – vollkommen richtig. Als Aufsichtsrat der Medienfonds überwachte die HANNOVER Finanz selbstverständlich die Verwendung der Anlegergelder. Gundlach und Sülter hatten als Geschäftsführer der Medienfonds die Beteiligungen der Medienfonds an den Kabelgesellschaften jeweils dem Aufsichtsrat, also auch dem Vorstandsmitglied Schandelmaier von der HANNOVER Finanz, zur Genehmigung vorgelegt. Dieser hatte sich ausweislich der Aufsichtsratsprotokolle in allen Fällen einverstanden erklärt. Vornehm verschwiegen die Verantwortlichen der HANNOVER Finanz auch, daß sie eigens einen »Projektleiter« in ihrem Hause eingesetzt hatten, der sich um die Gundlach & Sülter-Beteiligung kümmerte. Während der fünf Monate meiner Vorstandstätigkeit übte die HANNOVER Finanz erheblichen Einfluß aus, und zwar nicht nur über den Aufsichtsrat, sondern auch über ihren Projektleiter, Herrn L., der beispielsweise darauf bestand, alle Presseinformationen der Gundlach & Sülter AG zur Genehmigung vorgelegt zu bekommen.

Die angeblich »unabhängigen« Geschäftsführungen und Aufsichtsräte der Kabelgesellschaften waren in Wirklichkeit sehr wohl durch die Organe der Gundlach & Sülter AG gelenkt. Es gab nicht einen einzigen Aufsichtsrat der Kabelgesellschaften, in dem nicht die Gundlach & Sülter-Vorstände, meistens als Vorsitzende, ihren Einfluß geltend machten. So stellte auch der Konkursverwalter Mühl in seinem Konkursbericht fest: »Die Gundlach & Sülter AG brachte am Kabelgeschäft interessierte Personen oder Firmen zusammen; diese Zusammenführung wurde mit dem Eintritt dieser Personen oder Firmen in eine Kabelgesellschaft in Rechtsform einer KG abgeschlossen.« Weiter führte Mühl aus: »Die Gundlach & Sülter AG übernahm durch entsprechend qualifizierte Mitarbeiter betriebswirtschaftliche Beratungsaufgaben für die Beteiligungsgesellschaften (Kabelgesellschaften). Außerdem waren damit Controllingaufgaben für die Vorstände der AG verbunden, die in den Beteiligungsgesellschaften Aufsichtsratsmandate (in der Regel als Vorsitzende) wahrnahmen.«

In einem Schreiben vom 18. August 1987 hatte sich die Gundlach & Sülter AG gegenüber der Posttochter TKS verpflichtet, für die Kabelgesellschaften u.a. folgende Leistungen zu übernehmen: Wirtschaftlichkeitsanalyse und Kalkulation; Koordination und kaufmännische Beratung; kaufmännische Überwachung während der Investitions- und Finanzierungsphase. Nun wollte die HANNOVER Finanz den Gerichten und der Öffentlichkeit allen Ernstes weismachen, daß die Gundlach & Sülter-Verantwortlichen keinen Einfluß auf die Geschicke in den Kabelgesellschaften genommen hätten.

Auch Dr. Bernau behauptete, seitens der Gundlach & Sülter AG sei keinerlei Einfluß auf die Kabelgesellschaften genommen worden. Dabei hatte gerade er in einer Aufsichtsratssitzung der Gundlach & Sülter AG im Sommer 1988 ausdrücklich gefordert, daß die beiden Gundlach & Sülter-Vorstände »aktive Tätigkeiten« in den Kabelbetriebsgesellschaften ausüben sollten. Bernau, der die Geschäftspolitik der Gundlach & Sülter AG bis ins aktuelle Tagesgeschäft hinein mitgestaltete, Bilanzbesprechungen durchführte und stets die Rolle des »Obergeschäftsführers« spielte, teilte jetzt über seinen Anwalt mit, daß er keineswegs »maßgeblichen Einfluß auf die Fonds genommen und auch kein Hintermann der Gundlach & Sülter AG sei«. Im übrigen – so ließ er wissen –, habe er gegenüber den Anlegern auch keinesfalls eine besondere Garantenstellung als berufener Sachkenner wahrgenommen.

Ganz besonders dürften sich die Anleger und Gerichte indes über die Feststellung Bernaus gewundert haben, daß es gar nicht darauf ankomme, in welchem Zustand sich die Kabelgesellschaften befinden würden. Sie durchliefen momentan nun einmal »ein Tal«. Dies bedeutete aber keineswegs, daß sie sich nicht wieder erholen würden. Dabei hatte Bernau selbst erst wenige Wochen zuvor in einem Brief an den Vorstand der Hannover Finanz festgestellt, daß der Konkurs der Kabelgesellschaften zu befürchten sei, und seinen Geschäftsfreund Schandelmaier beauftragt, schnellstens zu prüfen, wie »die AG den Kopf aus der Schlinge« ziehen könne. Als besonders brüskierend müssen die Kläger jedoch Bernaus hämische Feststellung empfunden haben, daß es den Anlegern schließlich doch darum gegangen sei, Verluste zugewiesen zu bekommen, und die hätten sie doch nun. Vor dem Hintergrund von Renditeversprechen in Höhe von siebzehn Prozent gehört zu einer solchen Behauptung schon eine gehörige Portion Skrupellosigkeit.

Bernau und die Hannover Finanz machten vor Gericht als alleinigen Übeltäter für die Probleme in den Kabelgesellschaften die Deutsche Bundespost aus. Sie und niemand sonst hätte durch Änderung ihrer Geschäftspolitik wie den Ausbau von Frequenzen zur Rundfunkübertragung und den dadurch bedingten Rückgang bei den Kabelanschlußzahlen und nicht abgesprochene Gebührenerhöhungen die Probleme in den Kabelgesellschaften herbeigeführt.

Ähnlich argumentierten auch die Ex-Vorstände Gundlach und Sülter in ihren Klageerwiderungen. Sie bestritten, daß überhaupt ein Schaden bzw. ein konkreter Verlust für die Anleger eingetreten sei. Zu den von den Anlegern erhobenen Vorwürfen, daß die hohen Finanzierungsvermittlungshonorare an die Gundlach & Sülter AG nicht in den Anlegerprospekten ausgewiesen worden seien, merkten sie an, daß diese Gebühren marktüblich und keineswegs überhöht und außerdem in die Gewinn- und Verlustrechnungen der Medienfonds eingeflossen seien. In den Prospektprüfungsberichten seien sie auch erwähnt. In der Tat sind im Prospektprüfungsbericht für den Neue Medien Fonds 3, versteckt unter der Überschrift »Wirtschaftlicher Bereich einschließlich steuerlicher Quantifizierungen« unter der Position »Aufwandsplanungen« die an die Gundlach & Sülter AG fließenden Vergütungen genannt. Mit diesen Millionenhonoraren, die nach Feststellungen des gedanklichen Schöpfers der Medienfondskonstruktion Egbert Nölken die wirtschaftliche Basis für die Gundlach & Sülter-Unternehmensgruppe bildeten, befaßt sich ein einziger 12 Zeilen umfassender Absatz in dem 151 Seiten dicken Prüfungsbericht. Den Anlegern wären nicht nur spezifische betriebswirtschaftliche, sondern detektivische Fähigkeiten abverlangt worden, wenn sie die sich hinter diesen Ausführungen verborgenen Zusammenhänge hätten durchschauen sollen. Es bleibt auch die Frage, warum die »marktüblichen und unschädlichen« Gebühren nicht offen in den Prospekten ausgewiesen worden sind.

Den Anlegern erschienen die Argumente der Ex-Vorstände, Aufsichtsräte und der Hannover Finanz auch deshalb wenig überzeugend, weil die Gundlach & Sülter AG in ihren Prospekten immer wieder auf ihr hervorragendes Vertrauensverhältnis zur Deutschen Bundespost hingewiesen hatte. Zurecht fragten sie sich nun, warum Vorstand und Aufsichtsrat diese guten Kontakte nicht genutzt hatten, um rechtzeitig dem angeblich durch eine verfehlte Postpolitik und »unlauteres Konkurrenzverhalten der Post« verursachten Wertverfall der Anlegergelder in den Kabelgesellschaften entgegenzusteuern.

Unabhängig von den gerichtlichen Auseinandersetzungen hofften beide Anlegergruppen, daß sich die Beklagten zu einer außergerichtlichen Vergleichslösung bereitfinden würden. Sie rechneten damit, daß insbesondere Dr. Bernau und die HANNOVER Finanz den Imageschaden, der mit einem öffentlichkeitswirksamen Prozeß verbunden wäre, vermeiden wollten. Parallel zu ihren Gerichtsverfahren nahmen sie deshalb außergerichtliche Vergleichsverhandlungen auf.

Für die Beklagten – u.a. die Ex-Vorstände, Aufsichtsräte und die HANNOVER Finanz – führte zunächst der Konkursverwalter der Gundlach & Sülter AG, Reinhard Mühl, die Vergleichsverhandlungen. Dadurch entstand die bemerkenswerte Konstellation, daß die Ex-Vorstände und die HDI-Gruppe, die noch wenige Wochen zuvor in ihrem Revisionsbericht einen Vermögensarrest und die Einleitung zivil- und strafrechtlicher Maßnahmen gegen die früheren Vorstände empfohlen hatte, sich jetzt von einem gemeinsamen Verhandlungsführer vertreten ließen.

Auf ihrem ersten Treffen im Juni 1990 auf der nordfriesischen Insel Sylt schlug Mühl den Interessenvertretern der Anleger vor, 49 % Aktien der kurz zuvor in Konkurs gegangenen Gundlach & Sülter AG zu erwerben – zum symbolischen Kaufpreis von einer Mark. Als Gegenleistung sollten sie sämtliche Klagen zurücknehmen. Immerhin verfüge die AG, so begründete Mühl seinen Vorschlag, noch über erhebliche Vermögenswerte wie z.B. einige Großgemeinschaftsantennenanlagen und lokale Kabelnetze. Die Interessenvertreter der Anleger vermochten sich jedoch mit diesem Vorschlag nicht anzufreunden. Es wäre schon ein hartes Stück Arbeit gewesen, die durch die Gundlach & Sülter AG als Prospektherausgeberin geworbenen und geschädigten Anleger davon zu überzeugen, daß eine Beteiligung an eben der Gundlach & Sülter AG eine attraktive Anlage sei. Die Vergleichsverhandlungen verliefen dann auch recht zähflüssig.

Neben den Verhandlungsführern Mühl und Lein legten sich auch der ehemalige Gundlach & Sülter-Steuerberater Nölken und der Ex-Vorstand Sülter mächtig für einen Vergleich ins Zeug. Sie hatten ein erhebliches Interesse daran, Prozesse mit der Gefahr enthüllender Presseberichte zu verhindern. Außerdem waren sie

als Kleinaktionäre der Gundlach & Sülter AG daran interessiert, die AG wieder zum Leben zu erwecken. Dadurch konnten ihre durch den Konkurs wertlos gewordenen Aktien wieder an Wert gewinnen.
Der Sanierungsbeitrag der beiden Gundlach & Sülter-Hauptaktionäre sollte darin bestehen, daß diese einen Teil ihrer Aktien an der Gundlach & Sülter AG zum symbolischen Preis von 1 Mark abtreten. Mit anderen Worten: Bernau und die HANNOVER Finanz hätten unterm Strich keinerlei Leistungen erbringen müssen, da sie ihre Aktien nach dem Konkurs ohnehin verloren gaben und in ihren Bilanzen längst steuermindernd entsprechende Wertberichtigungen vorgenommen hatten. Lein selbst bot sich als Vorstandsvorsitzender einer wieder aktivierten Gundlach & Sülter AG an.

Von einem solchen Vergleich hätten nicht nur die Kleinaktionäre und Ex-Vorstände profitiert, auch die Aufsichtsräte und Hauptaktionäre hätten sich die gegen sie anhängigen Schadensersatzklagen der Anleger zum Nulltarif vom Hals geschafft. Nicht zuletzt aus diesem Grunde war die kleinere Anlegergruppe mit diesem außergerichtlichen Vergleichsvorschlag nicht einverstanden, zumal die Anleger ein weiteres Mal zur Kasse gebeten worden wären. Das Geld für die Wiederbelebung der AG hätten bei diesem Konzept nämlich ausschließlich die drei Medienfonds aufbringen müssen. Die bisherigen Aktionäre zeigten dagegen keine Bereitschaft, Mittel in die Konkursfirma zur Wiederbelebung zu pumpen.

Um den Vergleichsvorschlag für die Anleger attraktiver zu machen, versuchte Lein unter Mitwirkung von Nölken, die seinerzeit von der Beratergemeinschaft Gundlach und Sülter über den freien Anlagemarkt finanzierten Kabelnetze Braunschweig und Wolfsburg in das Vermögen der Gundlach & Sülter AG einzubringen. Die Projekte Braunschweig und Wolfsburg waren erst kurz zuvor unter maßgeblicher Mitwirkung der Deutschen Bundespost saniert worden. Mit Rundschreiben vom 8. August empfahl – einem Bericht des »Kapitalmarkt intern« zufolge – der Treuhänder der Kabelcom Braunschweig/Wolfsburg, zufällig wiederum der Wirtschaftsprüfer Nölken, den Anlegern, ihre Anteile an diesen Projekten zu einem Preis von fünfunddreißig Prozent ihrer Einlage zu verkaufen.

Man war sich seiner Sache so sicher, daß Konkursverwalter Mühl Anfang Dezember 1990 einem hannoverschen Redakteur erklärte, die Gundlach & Sülter AG werde in Kürze wiederbelebt. Zu ihrem Vermögen gehöre dann auch die Kabelcom Braunschweig/Wolfsburg. Die Medienfondsgesellschaften würden auf ihre Schadensersatzforderungen verzichten und das Konkursverfahren mit Zustimmung der Gläubiger eingestellt. Im Verlauf der Vergleichsgespräche schlossen die Verhandlungsführer eine Vereinbarung, in der die Ziele des Vergleichskonzepts festgelegt wurden. Darin heißt es:

»Zug um Zug mit Abschluß der Vereinbarungen ist eine gemeinsam abzustimmende Pressemitteilung zu verfassen mit der Maßgabe, daß kein Beteiligter sich öffentlich anders äußern darf als in der Pressemitteilung. Sämtliche an diesen Verhandlungen beteiligten Personen verpflichten sich zu absolutem Stillschweigen bis zum Abschluß der Verhandlungen und der Presseveröffentlichung.«

Daß über die Hintergründe des Finanzskandals nur ja nichts an die Öffentlichkeit kam, das macht auch dieser Passus deutlich, war offensichtlich das Hauptanliegen der Betroffenen.
Doch auch dieser Vergleichsvorschlag war nicht erfolgreich. Er scheiterte vor allem am Widerstand der kleineren Anlegergruppe, die auf Schadensersatzleistungen der für die Misere Verantwortlichen bestand. Die Beklagten boten daraufhin den Anlegern eine einmalige Schadensersatzzahlung in Höhe von knapp 10 Millionen Mark an. Dies entsprach nicht einmal einem Viertel der von den Anlegern vorm Landgericht Hannover geltend gemachten Schadensersatzsumme. Trotzdem zeigte sich der Geschäftsführer der AAA Unternehmensberatungs GmbH, Harro Lein, geneigt, den Vorschlag anzunehmen. Er forderte die kleinere Anlegergruppe auf, dem außergerichtlichen Vergleich zuzustimmen. Diese war mit der Höhe der Schadensersatzsumme jedoch nicht einverstanden, und die außergerichtlichen Vergleichsverhandlungen scheiterten erneut, bevor dann eine weitere Verhandlungsrunde eröffnet wurde.

Durch die außergerichtlichen Verhandlungen war für jedermann erkennbar geworden, daß der renommierte HDI-Konzern keinerlei Skrupel hatte, sich mit den von ihm selbst mit dem Vorwurf strafrechtlicher Verstöße belasteten Gundlach & Sülter-Ex-Vorständen in ein Boot zu setzen. Der HDI hat seine Chancen, mit Fairneß und Anstand aus der Affäre um seine Tochtergesellschaft herauszukommen, kläglich vertan.

2. Hinter den Kulissen eines Versicherungskonzerns

»Mit Ausnahme einiger Spezialbereiche in der Versicherungswirtschaft, in denen wirklich mathematischer Sachverstand gefordert ist, reicht die Beherrschung der vier Grundrechenarten und ein Verständnis für Zahlen aus, um das Versicherungsgeschäft zu bewältigen.«

Adolf Morsbach, Vorstandsvorsitzender des HDI, im »Handelsblatt« vom 5.4.1991

Obwohl es zwischen mir und dem Aufsichtsratsvorsitzenden Konflikte gab, war ich überzeugt, daß zumindest der HDI ebenso wie ich an einer ungeschönten Bestandsaufnahme und Schadensbegrenzung für Gläubiger und Anleger interessiert war. In allen Besprechungen hatte insbesondere Dr. Reichmann als damaliger Finanzvorstand des HDI-Konzerns betont, eine Schadensbegrenzung für die Anleger gehe dem HDI über die eigenen wirtschaftlichen Interessen als mittelbarer Gundlach & Sülter-Aktionär. Nicht nur der Vorstandsvorsitzende Morsbach, auch Hertz-Eichenrode und Schandelmaier von der Hannover Finanz, hatten stets zum Ausdruck gebracht, daß sie mir für meine Bereitschaft, gegenüber der Öffentlichkeit, den Kabelkunden und der Presse Rede und Antwort zu stehen, dankbar seien. Unabhängig voneinander hatten sie mir zugesagt, im Falle eines Konkurses für mich »da zu sein«. Selbst Schandelmaier, der im Aufsichtsrat kaum jemals eine andere Meinung als die von Dr. Bernau vertrat, also dort auch den mir gegenüber eingeschlagenen harten Kurs mittrug, gab sich außerhalb des Aufsichtsrates dankbar und »mitfühlend«. So schrieb er im Zusammenhang mit meinem Ende November an den Aufsichtsrat gerichteten Schreiben, in dem ich um eine einvernehmliche Vertragsauflösung gebeten hatte, Anfang Januar an meinen Anwalt: »Wenn ich in den vergangenen Wochen versucht habe, Frau Raddatz bei den uns verbundenen Gesellschaften zu empfehlen, so geschieht dies aus persönlichem Mitempfinden und aus der Überzeugung, daß Frau Raddatz insbesondere auf ihrem Fachgebiet erfolgreiche und hervorragende Arbeit geleistet hat.«

Zwar war ich von Hertz-Eichenrode des öfteren in kritischen Situationen, wie etwa Aktionärsversammlungen oder Krisensitzungen, im Stich gelassen worden, und auch Schandelmaier hatte ich nicht gerade als »Fels in der Brandung« kennengelernt, doch glaubte ich, daß zumindest der HDI-Vorstand die Spielregeln von Fairneß und Anstand beherzigen würde. Immerhin handelte es sich beim HDI um ein im Jahre 1903 gegründetes Traditionsunternehmen, das heute zu den größten deutschen Versicherungsunternehmen gehört. Ich wußte nicht nur um die Tradition des HDI, dessen Aufsichtsrat stets prominente Vertreter der Wirtschaft angehören, sondern hatte insbesondere den HDI-Vorstandsvorsitzenden als einen für »soziale und kulturelle« Anliegen besonders aufgeschlossenen Vertreter der Versicherungsbranche kennengelernt. Der HDI zeigte sich stets nach außen großzügig, wenn es um Spenden für kulturelle Ereignisse ging, und außerordentlich aufgeschlossen in Belangen der Unternehmensmoral.

So sah ich einem von Schandelmaier arrangierten Vorstellungsgespräch mit Herrn Bingemer, dem Vorstandsvorsitzenden der zum HDI-Konzern gehörenden Hannover Rückversicherungs AG, mit Zuversicht entgegen. Als ich Ende Januar – wenige Tage vor dem Konkurs – zum vereinbarten Termin in dem neuen, repräsentativem Gebäude der Hannover Rück eintraf, entschuldigte Bingemers Sekretärin ihn jedoch wegen einer »plötzlichen heftigen Zahnschmerzattacke«. Sie bat mich statt dessen mit dem Personalleiter der Hannover Rück, Herrn K., das Gespräch zu führen. Das tat ich dann auch.

Wir sprachen darüber, daß der HDI-Konzern mich als freie Mitarbeiterin, zum Beispiel in der Öffentlichkeitsarbeit oder auch für die anstehenden Verhandlungen mit den Anlegern einsetzen könne. Herr K. meinte, daß er selbst das nicht entscheiden könne. Er werde Herrn Morsbach, der größten Anteil an meinem Schicksal nehme, sofort über unser Gespräch informieren. Der HDI werde dann sehr kurzfristig von sich hören lassen.

Es traf mich deshalb wie ein Schlag, als mein Vorstandskollege Mumme mir nur wenige Tage später berichtete, Herr Schandelmaier habe ihm ein ganz konkretes Angebot für eine Anschlußbeschäftigung bereits zum 1.2.1990 unterbreitet. Außerdem wolle die HANNOVER Finanz ihm finanziell unter die Arme greifen. Ich freute mich durchaus für Herrn Mumme, den es ähnlich schlecht wie mich getroffen hatte, war aber enttäuscht, daß der HDI mich noch im Ungewissen ließ. Immerhin war es doch gerade ich, die in den vergangenen Wochen die unangenehmere Arbeit mit Außenwirkung erledigt hatte. Dennoch konnte ich mir damals nicht vorstellen, daß ausgerechnet der HDI-Vorstand sein Wort brechen und mich im Stich lassen würde. So wartete ich in den folgenden Wochen Tag für Tag auf eine Nachricht aus dem Hause des HDI. Sie kam aber niemals. Nach monatelanger Hektik und Streß war ich nun plötzlich mit einer grabesähnlichen Ruhe konfrontiert. Nichts rührte sich, kein Anruf, kein Brief, rein gar nichts.

Auf einer Pressekonferenz Mitte Februar erklärte der Vorstandsvorsitzende der HANNOVER Finanz, Hertz-Eichenrode, auf Fragen eines Journalisten nach dem Schicksal der zwei neuen Gundlach & Sülter-Vorstände, die HANNOVER Finanz habe nur Herrn Mumme übernommen. Unmittelbar nach dieser Pressekonferenz rief mich ein Journalist an und fragte mich, was ich mir denn hätte zuschulden kommen lassen; denn grundlos würde mich der HDI doch sicherlich nicht im Regen stehen lassen. Ich war über das schäbige Verhalten Hertz-Eichenrodes maßlos enttäuscht. Nicht nur, daß die HANNOVER Finanz mich im Stich ließ, nein, sie schadete mir auch noch durch ungeschickte Äußerungen in der Öffentlichkeit. Meine Hoffnungen konzentrierten sich jetzt darauf, daß wenigstens der HDI-Vorstand zu seinem Wort stehen würde.

Nach zwei langen Monaten vergeblichen Wartens stand für mich Ende März fest, daß der HDI seine Zusagen nur Mumme gegenüber einhalten wollte. Ich empfand das als eine massive Ungleichbehandlung und schaltete daraufhin Frau Rechtsanwältin Fabricius-Brand aus Hannover ein. Frau Fabricius-Brand schrieb Herrn Morsbach an und erinnerte ihn an seine Zusage, beruflich etwas für mich tun zu wollen. Sie war der Auffassung, daß die einseitige Bevorzugung von Herrn Mumme eine schadensersatzpflichtige Ungleichbehandlung darstelle. Schließlich hätte ich mich viel stärker als Herr Mumme engagiert und als ebenso qualifiziert für eine Aufgabe im HDI-Konzern erwiesen. Die Rechtsabteilung des HDI teilte meiner Anwältin daraufhin mit, daß »intensive Überlegungen angestellt worden seien, mich im HDI-Konzern zu beschäftigen«. Man habe leider keine geeignete Position oder Tätigkeit als freie Mitarbeiterin für mich finden können. Herr Mumme sei als Berater für das Finanz- und Rechnungswesen für ein halbes Jahr eingestellt worden, ein Gebiet, auf dem er zweifelsfrei qualifizierter sei als ich.

Etwa zur gleichen Zeit, als der HDI meiner Anwältin mitteilte, daß trotz »intensiver Bemühungen« keine Aufgabe für mich gefunden werden konnte, ließ er über die Presse verlautbaren, daß kurzfristig 200 neue Mitarbeiter eingestellt werden sollten. Außerdem plane der HDI die Errichtung eines neuen Verwaltungsgebäudes in Hannover mit Baukosten von 30 Millionen DM. Der HDI-Vorstand sei – so ließ er die Presse wissen – mit dem Geschäftsverlauf des Jahres 1989 sehr zufrieden. Die Beitragseinnahmen seien knapp unter der 2 Milliarden-Grenze, der Jahresüberschuß liege bei 30 Millionen DM. Bei mir ging es lediglich um eine halbjährige Tätigkeit für den HDI, die für ihn Kosten von weit unter 100 000 Mark verursacht, mich aber vor dem beruflichen Absturz bewahrt hätte.

Der HDI begnügte sich aber nicht damit, mir seine kalte Schulter zu zeigen. Er betrieb zusätzlich eine für mich äußerst negative Mundpropaganda in der hannoverschen Wirtschaft. Von einem Interessenvertreter der Anleger erfuhr ich, daß insbesondere Herr Schandelmaier und der frühere Projektleiter für die Gundlach & Sülter-Beteiligung bei der HANNOVER Finanz meine Schlechterbehandlung gegenüber Herrn Mumme damit begründeten, daß ich inkompetent und eine »profilierungssüchtige Frau« sei. Der HDI habe mit »so einer Person« nichts im Sinn.

Frau Fabricius-Brand und ich beschlossen daraufhin, Klage gegen den HDI und die Hannover Finanz beim Arbeitsgericht Hannover auf Schadensersatz wegen Verletzung des Diskriminierungsverbotes zu erheben. Durch Vorlage verschiedener Schriftstücke und Benennung diverser Zeugen erbrachten wir den Nachweis, daß ich mindestens ebenso qualifiziert wie Herr Mumme und damit gleichermaßen geeignet war, Beratungsleistungen im Finanzwesen für den HDI-Konzern zu erbringen. Insbesondere verwiesen wir darauf, daß ich es doch war, die bei der Gundlach & Sülter AG erste Unregelmäßigkeiten festgestellt und die HDI-Revision geholt hatte und nicht der angeblich qualifiziertere Herr Mumme.

Ungeachtet dessen folgte das Arbeitsgericht der Meinung des HDI, daß Herr Mumme für die ihm offerierte Beratertätigkeit qualifizierter sei, eine Diskriminierung somit nicht vorliege. Das Gericht hielt es für wahrscheinlich, daß der HDI mich wegen meines Engagements bei der Aufklärung von Unregelmäßigkeiten nicht haben wollte. Nicht mein Geschlecht, sondern »die Art meiner Persönlichkeit und die Durchsetzung der eigenen Vorstellungen« seien der Grund, weshalb mich der HDI nicht habe einstellen wollen. Auch der Vorwurf »profilierungssüchtige Frau« sei keineswegs eine Diskriminierung, meinten die Richter in ihrer Urteilsbegründung. Im Oktober 1990 wurde meine Klage abgewiesen. Die Hannoversche Presse sparte nicht mit kritischen Kommentaren zu diesem Urteil. Das änderte indes nichts daran, daß ich den Prozeß verloren hatte und der HDI-Konzern von jeglicher Verpflichtung mir gegenüber freigestellt worden war.

Mir schadete dieser Prozeß ungemein. Durch die Presseberichterstattung war bekanntgeworden, daß ich gegen den »mächtigen HDI-Konzern« eine Klage angestrengt hatte, zudem noch auf einem in der Wirtschaft ohnehin verpöntem Gebiet wie dem der Diskriminierung. Wann immer ich in den Folgemonaten Bewerbungsgespräche führte, wurde ich auf meine Auseinandersetzung mit dem HDI angesprochen. Mir wurde deutlich zu verstehen gegeben, daß Bewerber, die sich mit dem viertgrößten deutschen Versicherungsunternehmen anlegen, in der Wirtschaft nicht sonderlich gut gelitten sind. Auch machte ich die bittere Erfahrung, daß die vielen beruflichen Kontakte, die ich in den vergangenen zwölf Jahren während meiner Tätigkeit beim Land Niedersachsen aufgebaut hatte, mir jetzt überhaupt nichts brachten. Manager, die ich seit Jahren sehr gut kannte, ließen sich jetzt plötzlich am Telefon verleugnen. Unternehmer, die mir begeisterte Briefe geschrieben hatten, in denen sie mein Engagement für die Belange ihrer Unternehmen rühmten, antworteten jetzt nicht einmal, wenn ich sie anschrieb. Ich erlebte, wie mein großer Freundes- und Bekanntenkreis in wenigen Wochen auf ein Minimum zusammenschrumpfte. Ein von mir eingeschaltetes Personalberatungsbüro teilte mir nach einem Jahr vergeblicher Bemühungen mit, daß ich im Großraum Hannover aufgrund der Gundlach & Sülter-Affäre nicht mehr »vermittelbar« sei. Als ich mich um eine von politischen Gremien zu besetzende Stelle bemühte, bei der eine in wirtschaftlichen Fragen qualifizierte Frau den Vorzug bekommen sollte, teilte mir die Vorsitzende der SPD-Ratsfraktion der Stadt Hannover, Frau Koch-Langwitz, mit, daß meine Bewerbung ohne Erfolg bleiben müsse, da »Sie durch berufliches Engagement ein nicht spannungsfreies Verhältnis zur hannoverschen Wirtschaft haben«.

Offenkundig verübelten mir also selbst Firmen, zu denen ich jahrelange gute, teils ausgezeichnete Kontakte hatte, mein »berufliches Engagement« bei der Gundlach & Sülter AG. Aus Sicht dieser Firmen und ihrer Verantwortlichen wäre es demnach »angemessener« gewesen, wenn ich die Machenschaften der Gundlach & Sülter-Verantwortlichen auf Kosten der Anleger und Gläubiger bedenkenlos mitgemacht und die Unregelmäßigkeiten gedeckt hätte.

Ich hatte in den folgenden Monaten viel Zeit, darüber nachzudenken, was die HDI-Verantwortlichen zu einem derart schäbigen Verhalten mir gegenüber bewogen haben könnte. Waren es nur Gleichgültigkeit, mangelnde Fürsorge und Kaltherzigkeit, oder fühlten sich die konservativ-hierarchischen Denkkategorien verhafteten HDI-Manager tatsächlich durch die »Art meines Engagement« brüskiert? Ich erinnere mich, daß Hertz-Eichenrode mir bei einer Sitzung (es ging um die Anlegerinteressen) deutlich zu verstehen gab, daß er emotionale Reaktionen »zu denen Sie, Frau Raddatz, leider neigen«, überhaupt nicht schätze.

Hatte sich der HDI-Vorstand daran gestört, daß ich mich dafür einsetzte, den Finanzskandal nicht ausgerechnet auf dem Rücken der sogenannten kleinen Leute auszutragen? Oder waren die HDI-Verantwortlichen in Wirklichkeit gar nicht an der Aufklärung der Unregelmäßigkeiten und einer Schadensbegrenzung für die Anleger interessiert gewesen? Warum aber hatten sie dann ihre eigene Konzernrevision damit beauftragt? Was störte sie so sehr an meinem Verhalten, daß sie mich zusätzlich ins berufliche Abseits stellten, und warum hatten sie mir nicht ein einziges Mal bei einem der Gespräche offen und deutlich gesagt, woran ich war?

Möglicherweise hat mich Morsbach auch aus Sympathie zu seinem langjährigen Geschäftsfreund Bernau fallengelassen. Dessen Absicht, mich zum Sündenbock für den Gundlach & Sülter-Zusammenbruch zu machen, wäre bei einer Anschlußbeschäftigung durch den HDI erheblich beeinträchtigt worden.

Sicher hatte der HDI inzwischen erkannt, daß die von seiner eigenen Revisionsabteilung erstellten internen Berichte viel mehr Zündstoff für den eigenen Konzern enthielten, als ihm lieb sein konnte. Der von den Revisoren erhobene Vorwurf der Bilanzfalschdarstellung und der Untreue traf nicht nur die beiden Ex-Vorstände, sondern auch die Aufsichtsräte. Schließlich waren es immer die Aufsichtsräte gewesen, und nicht die Vorstände, die sich intensiv mit der Bilanzaufstellung der Gundlach & Sülter AG befaßt hatten. Bernau und Schandelmaier brachten als Wirtschaftsprüfer und Rechtsanwälte zweifelsohne für Bilanzierungsfragen auch sehr viel mehr Sachverstand ein als die beiden früheren IOS-Mitarbeiter. Auch für die überhöhten Tantiemezahlungen, die Know-how-Vergütung und die hohen Dividendenausschüttungen waren in erster Linie der Aufsichtsrat und nicht der Vorstand verantwortlich. Besonders die noch im Herbst 1989 vollständig über Kredite finanzierten Dividendenausschüttungen an die HANNOVER Finanz lagen dem HDI-Vorstand vermutlich schwer im Magen. Hier dürfte es für die HANNOVER Finanz besonders schwer werden, sich mit fadenscheinigen Ausflüchten herauszureden.

Sorgen dürften Morsbach auch die von den Anlegern gegen die HANNOVER Finanz erhobenen Klagen wegen Prospekthaftung und Kapitalanlagebetrug bereitet haben. Als die »Hannoversche Allgemeine Zeitung« über die anstehenden Prozesse berichtete, rief der HDI-Justitiar eilfertig in der Wirtschaftsredaktion an, um zu versichern, daß es keineswegs um »Kapitalanlagebetrug« gehe. Diese Erklärung vermochte die Wirtschaftsredaktion nicht sonderlich zu beeindrucken, da sie sich längst die Klageschriften von den Anlegern besorgt hatte, in denen eben doch von Kapitalanlagebetrug in großem Stil die Rede war. Wenig überzeugend wirkte auf die Pressevertreter auch die vom HDI herausgegebene Presseerklärung, die alleinige Verantwortung für die Gundlach & Sülter-Prospekte liege beim Alt-Vorstand und dem testierenden Wirtschaftsprüfer. Es klingt schon reichlich makaber, wenn ausgerechnet eine professionelle Kapitalbeteiligungsgesellschaft und einer der größten deutschen Versicherungskonzerne nach langjähriger Tätigkeit im Aufsichtsrat und als Hauptaktionär behaupten, lediglich »mitgemacht« zu haben, allerdings ohne irgendeine Verantwortung zu tragen.

Natürlich war auch Morsbach und seinen Vorstandskollegen keineswegs verborgen geblieben, daß insbesondere das HANNOVER Finanz-Vorstandsmitglied Schandelmaier eine gehörige Portion Mitverantwortung trug. In den Aufsichtsratsprotokollen der Gundlach & Sülter AG konnten sie nachlesen, daß für die in den Anlegerprospekten ausgewiesenen Renditerechnungen eine Projektkommission verantwortlich war, die aus dem Aufsichtsrat der Gundlach & Sülter AG bestand. Außerdem hatte – wie Morsbach den Protokollen entnehmen mußte – der Aufsichtsrat, und mit ihm auch Schandelmaier, im Mai 1987 ausdrücklich darauf bestanden, über »die Verwendung der Anlegergelder mitzuverfügen und sie zu beaufsichtigen«. In den so gern und häufig von den Beklagten im Zusammenhang mit den Anlegerschadensersatzklagen zitierten Prospektprüfungsberichten wird ausdrücklich betont: »Der Aufsichtsrat ist in die Investitionsentscheidungen (der Anlegergelder) eingebunden«. Weiter führt der Prospektprüfungsbericht zur Rolle des Aufsichtsrates aus: »Der Aufsichtsrat der persönlich haftenden Gesellschafterin der Fonds-Gesellschaften hat die Gesellschaft und die Geschäftsführung in allen Angelegenheiten, die die Gesellschaft betreffen, zu beraten und mit Vorschlägen zur Unternehmensführung zu unterstützen und kann der Geschäftsführung in ausdrücklich vom Aufsichtsrat selbst zu bestimmenden Fällen allgemeine und besondere Weisungen erteilen.« Schließlich ließ es sich auch nicht so einfach aus der Welt schaffen, daß es ganz besonders die klangvollen Namen des HDI und der HANNOVER Finanz waren, mit denen in den Anlegerprospekten vertrauensbildend geworben worden war.

Der HDI-Konzern entschloß sich angesichts dieser unerfreulichen Lage zu einem Rückzugsgefecht und verlegte sich darauf, jegliche Mitverantwortung für die Medienfonds abzustreiten. Dieses Verhalten stand im krassen Widerspruch zu der erst wenige Wochen zuvor von Dr. Reichmann in den hausinternen Krisensitzungen vertretene Position, durch eine »ungeschönte Bestandsaufnahme« im Interesse der Anleger für Klarheit zu sorgen.

Um sich über den Stand der Anlegergelder zu informieren, hatte Dr. Reichmann seine hauseigenen Revisoren sogar beauftragt, sich in einem gesonderten Teilbericht mit der Lage der Kabelgesellschaften zu befassen. Er, der noch Anfang Dezember 1989 den Auftrag erteilt hatte, festzustellen, »in welcher Höhe der Gundlach & Sülter AG Honorare aus Finanzierungsvermittlungsgeschäften mit den Kabelgesellschaften zugeflossen sind« und entsetzt reagiert hatte, als die HDI-Prüfer feststellten, daß diese Honorare die wichtigste Einnahmequelle der Gundlach & Sülter AG waren, ließ jetzt in einer Pressemitteilung seiner Unternehmensgruppe verlautbaren: »Diese Finanzierungsvermittlungshonorare sind durchaus marktüblich und in keiner Weise zu beanstanden«. Das sah das zuständige Finanzamt Hannover Nord allerdings ganz anders. Es stellte im Rahmen einer Prüfung fest: »Die Marktüblichkeit des Entgelts kann dafür herangezogen werden, ob Leistung und Entgelt einander entsprechen. Dies läuft in Zweifelsfällen darauf hinaus, daß für rechtliche Gestaltungsformen, die vom Normalbild abweichen, dargetan werden muß, daß sie auf vernünftigen Erwägungen beruhen. Die Vereinbarungen (zwischen der Gundlach & Sülter AG und den Kabelgesellschaften) genügen diesen Anforderungen nicht.«

Zu dem Bericht Nr. 224 der Konzernrevision selbst teilte der HDI den überraschten Journalisten mit, daß es sich keineswegs um einen »Bericht«, sondern lediglich um ein internes Arbeitspapier handele. Bei seinen Bemühungen, den Revisionsbericht jetzt plötzlich als belanglos hinzustellen und die dort getroffenen Feststellungen zu verharmlosen, wurde der HDI-Vorstand vom Konkursverwalter der Gundlach & Sülter AG, Reinhard Mühl, wirkungsvoll unterstützt. Mühl, der kurz nach Aufnahme seiner Tätigkeit als Vergleichsverwalter in der Presse erklärt hatte, er werde den Schadensersatzforderungen gegen die früheren Vorstände mit Nachdruck nachgehen, zeigte sich wenige Wochen später sichtlich bestrebt, den Ex-Vorstand und vor allem auch den Aufsichtsrat vor unliebsamer Kritik in Schutz zu nehmen. Anfang

März – also knapp zwei Monate nach Konkurseröffnung – erklärte er hannoverschen Journalisten, daß es keine Rückforderungsansprüche gegen die früheren Vorstände und Berater gebe.

Obwohl Mühl mir und meinem Vorstandskollegen an unserem letzten Arbeitstag zugesagt hatte, unser rückständiges Gehalt werde uns Anfang Februar überwiesen, weigerte er sich plötzlich, uns die Gehälter für die Monate Dezember und Januar zu überweisen. Als Konkursverwalter war ihm bekannt, daß Gehaltszahlungen nach der Konkursordnung vorrangig sind, und da er ausweislich des Konkursberichtes mit rund 2 Millionen Mark über genügend Zahlungsmittel verfügte, wäre er zur Zahlung der Gehälter verpflichtet gewesen. Erst nachdem ich ihn auf Auszahlung meines rückständigen Gehaltes verklagte, ließ Mühl kurz nach Prozeßeröffnung mein Gehalt überweisen. Die völlig unnötigen Gerichts- und Anwaltskosten spielten für Mühl keine Rolle – sie wurden aus der Konkursmasse gezahlt.

Um das eigentümliche Verhalten des Konkursverwalters, insbesondere im Zusammenspiel mit dem HDI, zu bewerten, muß man die Pflichten und Rechte, die das Gesetz einem Konkursverwalter einräumt, wenigstens überschlägig kennen. Konkursverwalter werden vom Konkursgericht bestellt. Sie sind den Konkursgläubigern für eine ordnungsgemäße Erfüllung der Konkursverpflichtungen verantwortlich und stehen unter der Aufsicht des Konkursgerichtes. Das Konkursgericht ist verpflichtet, die Tätigkeit des Konkursverwalters zu überwachen und Pflichtwidrigkeiten zu ahnden. Außerdem wird die Arbeit des Konkursverwalters durch einen Gläubigerausschuß überwacht, der von der Versammlung der Gläubiger bestellt wird.

In der Praxis allerdings erweisen sich die Kontrollorgane häufig als sehr viel weniger wirkungsvoll, als im Gesetz vorgesehen. So wurde der Gläubigerausschuß im vorliegenden Fall nicht etwa von der Gläubigerversammlung gewählt, sondern bereits vor der ersten Versammlung der Gläubiger vom Konkursgericht bestellt. Von einer »unabhängigen Bestellung« durch die Gläubiger konnte daher keine Rede sein. Mühl ließ sich den überwiegend aus Bankenvertretern bestehenden, von ihm selbst ausgesuchten Gläubigerausschuß nur noch von der Gläubigerversammlung bestätigen.

Auch die Überwachungs- und Aufsichtstätigkeit des Konkursgerichtes hielt sich von Anfang an in engen Grenzen. Die Überwachungspflicht ist zwar im Gesetz verankert, findet aber in der Praxis offenkundig kaum Anwendung. Als ich nämlich den zuständigen Rechtspfleger des Konkursgerichtes wegen der rückständigen Gehälter einschaltete, ließ der mich wissen, daß er »überhaupt nichts machen könne«.

Konkursverwalter bewegen sich also weitgehend in einem kontrollfreien Raum und verfügen dadurch über erhebliche Macht. Diese nutzte Mühl in erster Linie als Interessenwalter der früheren Aufsichtsräte und Ex-Vorstände der AG sowie ihrer Hauptaktionäre. So sorgte er dafür, daß in dem von ihm verfaßten Konkursbericht vom 20. März 1990 die eigentlichen Ursachen des Konkurses und ganz besonders die Mitverantwortung des Aufsichtsrates so gut wie möglich verschwiegen wurden. Die Konkursordnung schreibt zwar vor, daß der Konkursbericht über die »wahren Ursachen des Konkurses« und »anfechtbare Handlungen« Aufschluß geben muß. Genau die jedoch schien Mühl lieber im dunkeln lassen zu wollen. Als Ursache für den Zusammenbruch machte er statt dessen eine Liquiditätskrise und die fehlende Kapitaldecke aus. Daß es durch systematische Aushöhlung des Gesellschaftsvermögens überhaupt erst zu dieser Liquiditätskrise gekommen war, darüber verlor er kein einziges Wort. So ließ er auch unerwähnt, daß allein die beiden Vorstände und einige ihrer wichtigsten Berater in knapp drei Jahren fast 20 Millionen aus der neu gegründeten AG gezogen hatten.

Seine Vernebelungstaktik gipfelte in der Feststellung, daß besonders Schwierigkeiten aufgrund der »betriebsinternen Anpassungsprozesse, die in der Veränderung der Vorstandskonstellation begründet lagen, entstanden seien«. Außerdem ließ Mühl Gläubiger und Gerichte im Konkursbericht wissen, daß nach dem Rücktritt des Vorstandsmitgliedes Sülter der neue Vorstand »aufgrund mangelnder branchenspezifischer Erfahrung die Aufgaben nicht in der erforderlichen Weise abdecken konnte«. Mit dieser Schuldzuweisung schlug Mühl voll in die Kerbe der Ex-Vorstände und Aufsichtsräte der Gundlach & Sülter AG, die ebenfalls die Verantwortung für den Konkurs beim neuen Vorstand sehen wollten.

Der Aufsichtsrat, der uns noch wenige Wochen zuvor bedrängt hat, den Ex-Vorstand bei der Staatsanwaltschaft anzuzeigen, wollte jetzt von Unregelmäßigkeiten nichts mehr wissen. Ihm ging es nun vielmehr darum, den Anschein eines an sich soliden Unternehmens zu wahren, das durch »Managementfehler des alten und vor allem des neuen Vorstandes«* in Schwierigkeiten geraten war. Keineswegs sollte aber bekannt werden, daß es mit Billigung des Aufsichtsrates zu strafrechtlich relevanten Unregelmäßigkeiten gekommen war.

Welche Aufgaben denn nun eigentlich vom neuen Vorstand nicht in der erforderlichen Weise abgedeckt wurden, dazu blieb der Konkursverwalter eine Antwort schuldig, und es gelang ihm, mit diesen Floskeln die eigentlichen Ursachen des Firmenzusammenbruchs zuzudecken.

Der Konkursverwalter kannte die Revisionsberichte des HDI und wußte auch um die Geldabflüsse von über 30 Millionen Mark in drei Jahren an den Ex-Vorstand, die Berater, die Aktionäre und die drei erfolglosen Tochterfirmen. Auch kannte Mühl das Gutachten der Düsseldorfer Unternehmensberatung Altenburg & Tewes, in dem gravierende Mängel der Organisation und im Kostenwesen der Gundlach & Sülter AG nachgewiesen wurden. Ebenso kannte er den sogenannten »Fronleichnamsbericht« Bernaus, der in der Feststellung gipfelte. »So kann es nicht weitergehen!« Doch der zur Aufklärung über die wahren Ursachen verpflichtete Konkursverwalter wies mit keinem einzigen Wort auf diese Berichte, geschweige denn auf die dort getroffenen Feststellungen hin. Die immens hohen Geldabflüsse, die das Dreifache des Grundkapitals überstiegen und weit über die Hälfte des Gesamtumsatzes ausmachten, ließ Mühl kurzerhand unter den Tisch fallen.

Der von Mühl erhobene Vorwurf, die mangelnden branchenspezifischen Erfahrungen im Verkabelungsgeschäft seien ein Grund für die Gundlach & Sülter-Probleme, war besonders abwegig, da ich immerhin vier Jahre lang im niedersächsischen Wirtschaftsministerium für die Verkabelung zuständig war. Das Konkursgericht

---

* So Dr. Bernau in einem Interview mit dem NDR, Redaktion »Hallo Niedersachsen«, nach dem Konkurs.

gab sich jedoch mit Mühls Bericht zufrieden. Er beanstandete weder den Bericht noch Mühls sonstiges Verhalten.

Ich forderte Mühl über Rüdiger Hennings, meinen Anwalt in den Wirtschaftsprozessen, auf, seine abträglichen Behauptungen näher zu begründen. Darauf teilte Mühls Anwalt mir mit: »Die Tätigkeit in einem Ministerium ist keine Garantie, daß ausreichende branchenspezifische Kenntnisse für die Führung eines Unternehmens bestehen«. Dagegen war der Konkursverwalter aber offensichtlich der Meinung, daß Tätigkeiten in der Abschreibungsbranche in jedem Fall die Garantie für ausreichende branchenspezifische Kenntnisse im Verkabelungsgeschäft sind. Andernfalls hätte er kaum die Fähigkeiten des Ex-Vorstandes Sülter so sehr aufgewertet.

Auch den Abschreibungscharakter des von den Gundlach & Sülter-Gründern geschaffenen Firmenkonglomerats verschwieg der Konkursverwalter in seinem Bericht geflissentlich. Zur Situation der teilweise akut konkursgefährdeten Kabelgesellschaften stellte er lediglich fest, daß sie »erste Anzeichen von Startschwierigkeiten« aufwiesen. Um so deutlicher distanzierte er sich dafür von den in den HDI-Revisionsberichten nachgewiesenen Schadensersatzansprüchen gegenüber den beiden Ex-Vorständen: »Von den unterschiedlichen Seiten, insbesondere von ehemaligen Vorstandsmitgliedern, werde behauptet, erhebliche mögliche Rückforderungsansprüche gegen die bisherigen Organe und Berater des Unternehmens stellen zu können. Bei der Fülle der behaupteten Ansprüche bedürfe es umfangreicher und intensiver Prüfung, inwieweit diese durchzusetzen seien. Dazu fehle ein erheblicher Teil der Unterlagen.« Mit diesen Darlegungen unterstellte der Konkursverwalter den HDI-Revisoren, die mit drei Personen fast zwei Monate in den Räumen der Gundlach & Sülter AG geprüft und diese Prüfung in zwei Teilberichten festgehalten hatten, erhebliche Leichtfertigkeit. Doch ein Widerspruch aus dem HDI-Konzern blieb merkwürdigerweise aus.

Der Konkursverwalter machte sich auch gegenüber der Presse für die Interessen der früheren Vorstände und Aufsichtsräte stark. Wenige Tage, nachdem der Vorstandsvorsitzende des HDI, Adolf Morsbach, die Presse im Zusammenhang mit den Klagen der Anleger von der »Angemessenheit und Unbedenklichkeit« der Finanzierungsvermittlungshonorare, die die Kabelgesellschaften an die Gundlach & Sülter AG entrichten mußten, zu überzeugen versuchte, versicherte der Konkursverwalter in einem Schreiben an die Presse: »Die Gundlach & Sülter AG ist in jedem vertraglichen Einzelfall ein erhebliches Risiko eingegangen, das sich selbstverständlich in der Bemessung der in Ansatz gebrachten Honorierung widerspiegeln mußte«.

Wieviel das von den Kabelgesellschaften so teuer bezahlte Finanzierungsrisiko nach Meinung des Konkursverwalters in Wirklichkeit wert war, das hätten die Journalisten im Konkursbericht nachlesen können. Hier nämlich stellte Mühl zu den von der Gundlach & Sülter AG gegenüber den Kabelgesellschaften eingegangenen Finanzierungsbeschaffungsgarantien, die teilweise als Forderung zur Konkurstabelle angemeldet worden waren, lapidar fest: »Diese Anmeldungen müssen zum heutigen Zeitpunkt voll bestritten werden.«

Um aus den Anlegerprozessen unbeschadet hervorzugehen, war es für die Beklagten und somit auch für die zum HDI gehörende HANNOVER Finanz ausgesprochen wichtig, der von den ehemaligen IOS-Schülern im Zusammenwirken mit Bernau geschaffenen Unternehmenskonstruktion den Anschein von Seriösität und Solidität zu geben. Die HDI-Revisionsberichte waren da ein störendes Handikap. Auch Unstimmigkeiten mit den Kleinaktionären Gundlach, Sülter, Lein und Nölken wären für die Vergleichsgespräche nur eine Belastung gewesen. Deshalb entschloß sich der HDI-Vorstand auch hinsichtlich seiner Beziehungen zu den Gundlach & Sülter-Ex-Beratern und -Vorständen zu einer durchgreifenden Wende. Hatte er bis zum Herbst 1990 wiederholt gegenüber der Öffentlichkeit behauptet, vom früheren Vorstand hintergangen worden zu sein, so äußerte er sich jetzt sehr viel zurückhaltender. Er brauche, so ließ der HDI-Hausjustitiar R. die Presse wissen, die Kleinaktionäre Gundlach, Sülter und Nölken für eine außergerichtliche Vergleichslösung. Deshalb sei der HDI um Einvernehmen bemüht.

Die »HDI-Wendehälse« gingen sogar so weit, sich von ihren eigenen Revisionsberichten zu distanzieren. Noch im Dezember 1989 hatten die Revisoren in ihrem zweiten Teilbericht festgestellt, daß in der Gundlach & Sülter Bilanz für das Geschäftsjahr 1986 unter der Position »unfertige Leistungen« mit 2,9 Millionen Mark ein zu hoher Betrag ausgewiesen sei, da das hier zugrundeliegende anteilige Finanzierungsbeschaffungshonorar für das Verkabelungsprojekt Osnabrück nur 1,5 Millionen Mark betrage. Die Bilanz 1986 sei folglich falsch – so die Revisoren damals. Knapp ein Jahr später kam man nun plötzlich zu einem gegenteiligen Ergebnis. In einem der Presse übermittelten Schreiben erklärte der HDI: »Wir kommen nunmehr zu dem Ergebnis, daß der Bilanzansatz ›unfertige Leistungen und deren Bewertung‹ vertretbar erscheint und der Vorwurf, der Abschluß der Gundlach & Sülter AG Neue Medien für das Geschäftsjahr 1986 sei falsch testiert worden, in diesem Punkt nicht aufrechterhalten werden kann«.

Besonders glaubwürdig war diese Rückzugsaktion des HDI indes nicht. Hatten doch die Revisoren – wie bei Revisionen üblich – nicht nur Einblick in die Vertragsunterlagen und Geschäftskonten der Gundlach & Sülter AG genommen, sondern außerdem die Bilanz der Kabelgesellschaft Osnabrück in diesem Punkt überprüft und festgestellt: »Folgerichtig sei in der Bilanz der Kabelcom Osnabrück, geprüft von Wirtschaftsprüfer Wenk, Osnabrück, ein anteiliger Aufwand in Höhe von 1,5 Millionen Mark und nicht 2,9 Millionen Mark verbucht worden«. Mit seiner Beschwichtigungsaktion gegenüber dem früheren Gundlach & Sülter-Steuerberater Nölken und den Ex-Vorständen brachte der HDI nun die Kabelcom Osnabrück und Wirtschaftsprüfer Wenk in ein schiefes Licht. Allerdings wurde Wenk im Gegensatz zu Nölken nicht für die Vergleichsgespräche gebraucht.

Seinem Image tat der HDI-Vorstand mit seinem Zickzackkurs keinen Gefallen. Viele Journalisten fragten sich, was den Vorstand zu seinem Meinungsumschwung bewogen haben mochte, da er noch wenige Wochen zuvor auf einer Pressekonferenz die Revisionsberichte als Beleg für die Machenschaften der Ex-Vorstände und das Bemühen des HDI angeführt hatte, die notwendige Sachaufklärung zu betreiben. Auch der neue Finanzvorstand des HDI, Dr. Möller, hatte noch Ende November im NDR-Regionalfernsehen auf die HDI-Revisionsberichte hingewiesen und dabei mit keiner Silbe erwähnt, daß diese angeblich in gravierenden Punkten falsch sind.

Doch damit nicht genug – der HDI und Konkursverwalter Mühl gingen noch weiter. Anfang Februar 1991 schrieb mir der Konkursverwalter, die HDI-Revisionsberichte »entsprechen nicht den tatsächlichen Gegebenheiten«. Eine »Vielzahl von Erkenntnissen«, zu denen die Revisoren gelangt seien, könnten nicht aufrechterhalten werden. Die Revisoren seien zu falschen Erkenntnissen gelangt, weil sie unrichtig und unvollständig informiert worden seien – natürlich von niemanden anderem als von mir.

Nur aufgrund der »falschen« Revisionsberichte aber – so Konkursverwalter Mühl – sei es überhaupt zu der Illiquidität und damit dem Konkurs der Gundlach & Sülter AG gekommen. Deshalb behalte er sich vor, Schadensersatzansprüche gegen mich geltend zu machen.

Das klingt wie eine bühnenreife Kabarettnummer, ist aber bitterer Ernst und zeigt, daß die Beteiligten selbst vor abenteuerlichsten Behauptungen nicht zurückschrecken. Die HDI-Revision hat ihre Revision – wie dies üblich ist – aufgrund von Buchhaltungsunterlagen, Konten- und Bankbelegen, Bilanzen und Saldenlisten aus den Jahren 1986-1989 durchgeführt. Und warum hätte ich den Revisoren »unwahre Auskunft« geben sollen? Ich erhoffte mir doch selbst gerade durch die Revision Informationen zur tatsächlichen wirtschaftlichen Lage der Gundlach & Sülter AG und ihrer Tochterfirmen. So beziehen sich die HDI-Revisoren auch nicht ein einziges Mal in ihren 50 Seiten umfassenden Berichten auf von mir erteilte Auskünfte zur wirtschaftlichen Lage der Gundlach & Sülter AG.

Es ist schon mehr als unverfroren, ein nur wenige Wochen amtierendes Vorstandsmitglied zu beschuldigen, für angeblich falsche Revisionsberichte, die sich auf den Zeitraum von 1986-1989 beziehen, verantwortlich zu sein. Sollten die Berichte der HDI-Konzernrevision tatsächlich eine »Vielzahl falscher Ergebnisse« enthalten, so ist dies für den HDI-Konzern, einem der größten Industrieversicherer in der Bundesrepublik Deutschland, allenfalls ein bitteres Eingeständnis eigenen Unvermögens.

Die rund eine Million Prämien zahlenden Mitglieder des HDI müssen sich dann ernsthaft fragen, ob ihre Versicherungsbeiträge dort wirklich gut aufgehoben sind. Eine Konzernrevision, die fast zwei Monate mit drei Revisoren prüft und über ihre Prüfungsfeststellungen Berichte erstellt, um dann ein Jahr später plötzlich zu der Erkenntnis zu kommen, daß diese Berichte nicht richtig sind, wäre absolut unfähig.

Von mir aufgefordert, seine abwegigen Behauptungen durch konkrete Fakten zu belegen – mich interessierte brennend die Vielzahl von falschen Erkenntnissen der HDI-Revisoren –, reagierte Mühl nicht. Mein Anwalt empfahl mir daraufhin, negative Feststellungsklage zu erheben. Trotz meiner nicht gerade ermutigenden Erfahrungen mit der Justiz im Zusammenhang mit dem Gundlach & Sülter-Finanzskandal habe ich dies dann auch getan und beim Landgericht Hannover beantragt, festzustellen, daß dem Konkursverwalter keine Schadensersatzansprüche zustehen, da ich keine falschen Revisionsberichte durch unrichtige Angaben veranlaßt hätte.

Einen fast schon lächerlichen Anstrich bekommt die Angelegenheit dadurch, daß ausgerechnet im HDI-Konzern selbst bereits Mitte Oktober 1989 – Wochen bevor die Revision tätig wurde – in einem internen Papier zur Lage der Gundlach & Sülter AG vermerkt wurde:

»Nachdem (...) der drohende Konkurs noch einmal abgewendet wurde, ist es notwendig, auf folgendes hinzuweisen:

1. Das Unternehmen ist weiterhin im höchsten Grade gefährdet. Neben dem bereits bekannten operativen Verlust der Gesellschaft von ca. 5–6 Millionen Mark muß mit erheblichen weiteren außerordentlichen Verlusten aufgrund von Abschreibungen auf Forderungen, Darlehen und Beteiligungen gerechnet werden.
2. Alle Beteiligten, Kapitalgeber, Vorstand und Aufsichtsrat neigen dazu, die Dramatik der Situation zu bagatellisieren.«

Anderthalb Jahre nach dieser Feststellung bemühen sich die Gundlach & Sülter-Verantwortlichen, den Eindruck zu erwecken, die Situation in den Medienfonds und bei der Gundlach & Sülter AG sei keinesfalls dramatisch gewesen. Mit Begriffen wie »marktüblich« und »angemessen« versucht der HDI-Konzern im nachhinein, der unsoliden Abschreibungskonstruktion der Gundlach & Sülter-Unternehmensgruppe den Anstrich von Seriösität zu geben. Das »Managermagazin« beklagt in seiner Aprilausgabe 1991, daß die Reputation der deutschen Unternehmen aufgrund fehlender Unternehmensmoral auf der Strecke bleibe. Es sei in den Vorstandsetagen deutscher Unternehmen üblich geworden, den kostbaren Aktivposten Glaubwürdigkeit kurzfristigen Interessen zu opfern. Dafür ist das im vorliegenden Fall beschriebene Verhalten des HDI-Vorstandes zweifelsohne ein treffendes Beispiel.

Doch nicht nur fehlende Glaubwürdigkeit und Unternehmensmoral sind es, die den HDI in ein merkwürdiges Licht bringen. Es ist dies vor allem die offenkundige Unfähigkeit der HDI-Oberen, sich mit innerhalb des Konzerns begangenen Fehlern vernünftig auseinanderzusetzen. Die mangelnde Bereitschaft, die insbesondere von der Tochterfirma HANNOVER Finanz gemachten Fehler, die möglicherweise sogar Straftatbestände wie Untreue (im Zusammenhang mit den Dividendenzahlungen) und Kapitalanlagebetrug (im Zusammenhang mit den falschen Prospekten) erfüllen, sorgfältig zu analysieren und darauf aufbauend Lösungskonzepte zu entwickeln, stehen einem solchen Konzern schlecht zu Gesicht. Anstatt zu überlegen, wie der entstandene Schaden begrenzt und der HDI ohne weiteren Gesichtsverlust mit Anstand aus der Sache herauskommt, war das ausschließliche Bestreben der Konzernleitung darauf gerichtet, zu vertuschen, zu verniedlichen und jegliche Mitverantwortung von sich zu schieben.

»Die Tätigkeit des Vorstandes dient ausschließlich dem Interesse und dem Vorteil seiner Mitglieder« lautet der in der HDI-Satzung festgeschriebene Gründungsgedanke. Die Mitglieder aus Mittelstand, Industrie und Privathaushalten dürften sich die Frage stellen, ob das hier praktizierte Verhalten des HDI-Vorstandes wirklich ihrem Interesse dient und ob sie dies billigen wollen. Schließlich und endlich stehen große Versicherungskonzerne für das Image unserer gesamten Wirtschaft, und sie sind Repräsentanten unserer Gesellschaft im Ausland.

Bei Abschluß dieses Buches (Juni 1991) stand der Ausgang meiner Feststellungsklage noch nicht fest. Doch selbst wenn es dem Konkursverwalter im Zusammenwirken mit dem HDI gelingen sollte, das Gericht von der abwegigen Geschichte zu überzeugen, der 50-Millionen-Konkurs sei durch von mir veranlaßte unrichtige HDI-Revisionsberichte herbeigeführt worden, wird sich der HDI die Frage gefallen lassen müssen, wie er sich von einem nur wenige Wochen amtierenden Vorstandsmitglied eine solche Vielzahl unrichtiger Erkenntnisse aufdrängen ließ. Der HDI-Vorstandsvorsitzende Adolf Morsbach, der nachweislich beste Beziehungen zum Konkursverwalter unterhält, wird jedenfalls in dem Gerichtsverfahren Gelegenheit haben, darzulegen, welche Rolle der HDI in diesem unwürdigen Possenstück spielt.

Vorerst blieb mir nur die bittere Erkenntnis, daß ich für meine Offenheit und Loyalität gegenüber den Vorständen des HDI und der HANNOVER Finanz einen hohen Preis zahlen mußte: Ich bin beruflich auf dem Abstellgleis gelandet, seit fast zwei Jahren ohne Beschäftigung, von den finanziellen Einbußen ganz zu schweigen. Ich richtete daher meine Hoffnung darauf, wenigstens auf dem Gerichtswege eine gerechte Behandlung zu erreichen.

3. Die Justiz und der Finanzskandal

> Prozesse gegen finanzstarke Gegner sind von einem einzelnen ebensowenig durchzusetzen wie Prozesse gegen Spitzenfiguren des organisierten Verbrechens.
>
> *Dagobert Lindlau in »Der Mob«*

Meine Erfahrungen mit der Justiz beschränkten sich bis zum Frühjahr 1990 auf die gelegentliche Kenntnisnahme von Verlautbarungen aus dem niedersächsischen Ministerium der Justiz. In Broschüren war ich als »liebe Mitbürgerin« davon in Kenntnis gesetzt worden, daß es die vornehmste Aufgabe der Justiz ist, für den Rechtsfrieden in der Gemeinschaft zu sorgen und daß »Richter, Beamte und Angestellte der Justiz für den Bürger da sind und in seinem Dienst stehen«. Richter – so hatte ich in einer Informationsschrift des niedersächsischen Justizministeriums aus dem Jahre 1986 gelesen – sprechen »ohne Ansehen der Person Recht«. Für die richterliche Arbeit seien deshalb Gewissenhaftigkeit und Umsicht unabdingbar.

Mir erschien die Rechtslage nach dem Konkurs eindeutig und zweifelsfrei. Die Aufsichtsräte hatten mich mit Hilfe eines attraktiven Fünfjahresvertrages in ein marodes Konkursunternehmen geholt, um dadurch Zeit zu gewinnen, die eigenen Ziele zu erreichen. Sie hatten mich bei der Einstellung mit einer geschönten Bilanz und der Zusage einer dann nicht durchgeführten »angemessenen Kapitalerhöhung« bewußt getäuscht. Mit Erfolg hatten sie nicht nur mir gegenüber den falschen Eindruck vermittelt, daß die Gundlach & Sülter AG ein zukunftsträchtiges »Verkabelungsunternehmen« ist, sondern auch in der Öffentlichkeit, wie Presseberichte aus den Jahren 1987/88 bestätigen. Mit der gleichen Mixtur aus Halbwahrheiten, unvollständigen und teilweise falschen Informationen und ihrem bekannten Namen, hatten sie mich wie zuvor die Anleger ins offene Messer laufen lassen. Der mir als attraktiv und verantwortungsvoll offerierte Vorstandsposten war in Wirklichkeit ein Himmelfahrtskommando. Die einzige nennenswerte Einnahmequelle des Unternehmens, die umgeleiteten Anlegergelder, war längst versiegt, als ich in das Unternehmen eintrat. Davon war mir jedoch nichts gesagt worden.

Ein schlechtes Gewissen, zumindest etwas Unbehagen mir gegenüber, schien die drei Aufsichtsratsmitglieder jedoch nicht im entferntesten zu quälen. Schandelmaier als Vorstandsmitglied der HANNOVER Finanz, Dr. Bernau als Vorstandsvorsitzender der Berliner Elektro AG und Haenel als Geschäftsführer der Fuba communication verfügten über weitreichende Beziehungen und hätten mir problemlos eine neue Position vermitteln können. Sie aber zogen es vor, mich in die Arbeitslosigkeit zu entlassen. Ungefähr sechs Wochen, nachdem der Konkursverwalter meinen Dienstvertrag gekündigt hatte, schrieb Dr. Bernau mir: »Tatsache ist, daß Sie es in Ihrer Eigenschaft als Vorstandsmitglied nicht verstanden haben, die Gesellschaft aus ihrer schwierigen Situation zu befreien«. Damit bestätigte er die mir zugedachte Rolle als Sündenbock erstmals sogar schriftlich.

Verständlicherweise war ich über die drei Aufsichtsräte, die mich in diese mißliche Lage gebracht hatten, verbittert. Ich entschloß mich zu einer Klage auf Schadensersatz wegen Täuschung bei Vertragsabschluß. Unter Bezugnahme auf einen vergleichbaren Fall, in dem das Bundesarbeitsgericht entschieden hatte, daß bei vorsätzlicher Täuschung beim Abschluß eines Dienstvertrages die Aufsichtsräte persönlich haften, reichte mein Anwalt beim Arbeitsgericht Hannover gegen die drei Aufsichtsräte Klage wegen Verschuldens bei Vertragsabschluß ein. Als Schadensersatz verlangten wir ein halbes Jahresgehalt, also ein Zehntel der ursprünglich vereinbarten Vertragssumme. Das Arbeitsgericht fühlte sich nicht zuständig und verwies meine Klage an die Zivilkammer des Landgerichtes Hannover. Auch die Zivilkammer des Landgerichtes Hannover hielt sich für nicht zuständig und verwies wiederum an die 4. Kammer für Handelssachen beim Landgericht Hannover.

Anfang Oktober 1990 fand dann dort eine Verhandlung statt – sie dauerte nicht einmal 5 Minuten. Die Entscheidungsverkündigung wurde für den 30. Oktober 1990, 12.00 Uhr, angesetzt. Als ich zum angesetzten Termin im Gerichtssaal erschien, war jedoch außer einigen Pressevertretern niemand da. Es erschien auch niemand mehr. Gegen 20.00 Uhr abends wurde ich von einem »Bild«-Reporter angerufen, der inzwischen beim Gericht das Urteil ausfindig gemacht hatte: Meine Klage war ohne Beweisaufnahme abgewiesen worden.

Obwohl ich dem Gericht umfangreiches Material vorgelegt hatte, das das wirtschaftliche Eigeninteresse der Aufsichtsräte an der Gundlach & Sülter AG belegte, stellte das Gericht in seiner Urteilsbegründung fest: »Ein wirtschaftliches Eigeninteresse der drei Aufsichtsräte ist zu verneinen«. Meinem durch vielfältige Schriftstücke belegten Sachvortrag, daß Dr. Bernau und die Hannover Finanz zunächst die Absicht hatten, die Gundlach & Sülter AG an die Börse zu bringen, später dann ihre Aktien zu verkaufen, und vor allem durch meine Berufung nach außen den Eindruck erwekken wollten, die Zukunft der Gundlach & Sülter AG sei gesichert, folgte das Gericht nicht.

Zu meiner unter anderem durch die Revisionsberichte der HDI-Konzernrevision belegten Feststellung, daß die mir vor meiner Einstellung vorgelegte Bilanz geschönt war, kam die Handelskammer zu einer wirklich bemerkenswerten Bewertung: »Die Behauptung, die beim Vorstellungsgespräch übergebene Bilanz sei geschönt und in wesentlichen Punkten falsch gewesen, ist unbeachtlich.« Erst wenige Wochen zuvor hatte das Amtsgericht Hannover zu genau der gleichen Bilanz entschieden, daß wegen der begründeten Vermutung auf falsche Bewertung wesentlicher Positionen ein Sonderprüfer zu bestellen sei. Und der Aufsichtsratsvorsitzende Bernau selbst hatte am 28. Juni 1989 – das war noch vor endgültiger Bilanzaufstellung am 7. Juli 1989 – an den damaligen Gundlach & Sülter-Vorstand geschrieben: »Durch Ihre Erfolgszahlen ist für 1988 eine Gewinnlage ›vorgespiegelt‹ worden, die nach zwischenzeitlich gewonnenen Erkenntnissen nicht der tatsächlichen Situation entspricht«. Ihm ging es in erster Linie darum, daß Dividenden ausgeschüttet wurden. So wirkte er allerdings darauf hin, daß »gewisse Änderungen« in der zunächst für das Geschäftsjahr 1988 aufgestellten Bilanz vorgenommen wurden, die es ermöglichten, doch noch eine Dividende auszuschütten. Die entsprechenden Aufsichtsratsprotokolle, aus denen diese und andere Merkwürdigkeiten bei der Bilanzaufstellung hervorgingen, waren der 4. Kammer für Handelssachen vorgelegt worden. Dennoch vertrat sie die Auffassung, daß ein wirtschaftliches Eigeninteresse der Aufsichtsräte nicht bestehe.

Obwohl das Gericht in den Protokollen auch so merkwürdige Beschlüsse des Aufsichtsrates nachlesen konnte, wie etwa die Entscheidung: »Bei der jährlichen Gewinnverwendung optische Gesichtspunkte zu berücksichtigen, da für eine Börseneinführung aufstrebende Dividendenausschüttungen sehr empfehlenswert seien«, war es nicht der Meinung, dies sei zu beanstanden. Ebensowenig wie die unmittelbar vor der Bilanzaufstellung von Bernau durchgesetzte Änderung der Bilanz mit dem Ziel, doch noch Dividenden auszuschütten. Während nämlich Wirtschaftsprüfer Nölken noch Ende Mai zur Bilanz 1988 schriftlich festgehalten hatte: »Der Vorstand wird der Hauptversammlung vorschlagen, den Bilanzgewinn vorzutragen, d.h. für 1988 keine Ausschüttungen vornehmen«, berichtete Dr. Bernau Anfang Juli im Aufsichtsrat:

»Der Vorstand hat auf Anregung des Aufsichtsrates gewisse Änderungen in der zunächst aufgestellten Bilanz vorgenommen, die dazu geführt haben, daß eine Dividende an die Aktionäre möglich ist. Unter anderem hat der Vorstand auf die Tantieme für 1988 in Höhe von rund 360 000 Mark verzichtet, und die Anpassung der latenten Steuern haben ebenfalls zu einer Ergebnisverbesserung geführt.« Bekanntlich war dem Vorstand ebenfalls aus optischen Gründen – um die Öffentlichkeit nicht zu beunruhigen – anstelle der Tantieme für 1988 eine als Know-how-Vergütung getarnte Zuwendung in Höhe von 1,25 Millionen Mark je Vorstand zugesagt worden. Auf diesem Hintergrund von einem Verzicht zu sprechen, ist schon ein Meisterstück an Realitätsverdrängung.

Das Handelsgesetzbuch schreibt vor, daß die im Jahresabschluß ausgewiesene Ertragslage sich an den »tatsächlichen Verhältnissen« und nicht »optischen Gesichtspunkten« orientieren muß. Die Kammer für Handelssachen bestätigte den Aufsichtsräten indes durch ihr Urteil, daß im vorliegenden Fall die Ausrichtung an optischen Gesichtspunkten unbedenklich war.

Unbeeindruckt ließ es das Gericht auch, daß die Aufsichtsräte als Verantwortliche für die sachgerechte Verwendung der Anlegergelder Investitionen in ökonomisch unsinnige Anlageobjekte zugelassen hatten. Weder dies noch die inzwischen bekanntgewordenen Schadensersatzklagen der Anleger in Höhe von 45 Millionen Mark ließen die 4. Kammer für Handelssachen an der Glaubwürdigkeit der Aufsichtsräte zweifeln. Es sei hingegen nicht nachvollziehbar – so die Kammer –, wenn ich behauptete, es sei mir vor meiner Einstellung eine angemessene Kapitalerhöhung von den Aufsichtsräten zugesagt worden.

Schandelmaier hatte dem Gericht das Arbeitspapier vorgelegt, das ich seinerzeit für unsere Besprechungen erstellt hatte, die vor der Vertragsunterzeichnung stattfand. In diesem Papier hatte ich kritische Feststellungen zur Liquiditäts- und Finanzlage formuliert und einige aus meiner Sicht unumgängliche Forderungen aufgestellt. Das Gericht pickte sich nun willkürlich einzelne Formulierungen heraus und wertete sie als Beleg dafür, daß ich die Konkurslage vor meiner Einstellung kannte und folglich nicht getäuscht worden sei. So hätte ich mich zu Liquiditätsproblemen, der Möglichkeit einer Auflösung des Unternehmens innerhalb der 5-Jahres-Vertragsdauer und dem Abschreibungsmilieu, aus dem die Ex-Vorstände kämen, geäußert. Alle die Formulierungen, die eindeutig dafür sprachen, daß ich von der Konkurslage nichts wußte und von einem langfristigen Fortbestand der Gundlach & Sülter AG ausging, würdigte das Gericht nicht, so beispielsweise meine in dem Arbeitspapier getroffene Feststellung, die Kapitalerhöhung müsse mit bestimmten Auflagen für die damals noch amtierenden Vorstände verbunden werden, wie einem konsequenten Sparkurs. Zusammenfassend hatte ich damals geschrieben: »Eine Neuorientierung der Geschäftspolitik und des Geschäftsgebarens sind geboten. Die Zukunft des Unternehmens müßte meines Erachtens im Dienstleistungsbereich liegen (gemeint waren Dienstleistungen für Kabelgesellschaften, die Post und andere), wobei unabdingbare Voraussetzung ist, daß diese Dienstleistungen von Unternehmen selbst erbracht werden (nicht von externen Beratern). Konkrete Vorschläge können jedoch erst Anfang 1990 dem Aufsichtsrat unterbreitet werden.« Ich ging also keineswegs davon aus, daß das Unternehmen Anfang 1990 infolge eines Konkurses nicht mehr existieren würde.

Vor allem aber stand für mich damals außer Zweifel, daß die mir von den Aufsichtsräten vor meiner Einstellung überreichte Bilanz richtig war. Auf den Gedanken, daß nicht werthaltige Forderungen in Millionenhöhe auf der Aktivseite bilanziert worden waren, konnte ich nun wirklich nicht kommen.

Daß man wenig Skrupel hatte, in die bilanzpolitische Trickkiste zu greifen, um ein gewünschtes Bilanzergebnis zu erzielen, war auch aus einem Schreiben des Wirtschaftsprüfers Nölken ersichtlich, der Ende Mai 1989 der testierenden Wirtschaftsprüfungsgesellschaft mitteilte: »Gegenüber dem vorliegenden Leseexemplar (der Bilanz 1988) ergeben sich nach Rücksprache mit dem Vorstand der Gundlach & Sülter AG nachfolgende Änderungen: Von dem Beratungshonorar für Wirtschaftsprüfung und Steuerberatung wird ein Teilbetrag von 100000 Mark zuzüglich Mehrwertsteuer der CDS GmbH und ein weiterer Teilbetrag in Höhe von 50000 Mark zuzüglich Mehrwertsteuer der Neue Medien Programm GmbH (NMP) belastet. (...)«

Bekanntlich wurde die Tochterfirma CDS GmbH erst Ende 1988 gegründet, und es waren kaum Geschäftsvorfälle oder steuerliche Vorgänge angefallen, die ein Beratungshonorar von 100000 Mark auch nur annähernd gerechtfertigt hätten. Bezüglich der Honorare, die der NMP GmbH belastet wurden, teilte der Leiter des Gundlach & Sülter-Rechnungswesens einem Prüfer des Finanzamtes Hannover-Nord sogar ausdrücklich mit, daß es sich hierbei um Aufwendungen der Gundlach & Sülter AG handele, keineswegs um solche der NMP GmbH. Durch das Verschieben der Beratungshonorare von der Gundlach & Sülter AG auf ihre Tochterfirmen wurden die hohen Beratergebühren geschickt getarnt und außerdem die Bilanz der Gundlach & Sülter AG bei dieser Aufwandsposition entlastet.

Im Gegensatz zur 4. Kammer für Handelssachen war dann auch das Finanzamt Hannover-Nord anläßlich einer Prüfung zu einer sehr viel kritischeren Beurteilung der Bilanz gekommen. Es vermochte nicht zu erkennen, »aufgrund welcher Tatsachen die Gundlach & Sülter AG ihre vertraglichen Verpflichtungen gegenüber bestimmten Kabelgesellschaften erfüllt hatte und somit berechtigt war, die entsprechenden Forderungen zu aktivieren«.

Nach Auffassung des Finanzamtes könnten Forderungen aus Dienstleistungsverträgen erst dann in der Bilanz aktiviert werden, wenn der Anspruch (auf Zahlung der Honorare) in nicht mehr streitig zu machender Weise entstanden sei, der Dienstleistende also seine Leistung vollbracht habe. Dies war jedoch aber bei etlichen Kabelgesellschaften wie in Würzburg, Karlsruhe und Bielefeld gerade nicht der Fall.

Obwohl ich etliche Zeugen benannt und dem Gericht umfangreiche Beweisstücke vorgelegt hatte, verzichtete das Gericht auf eine Beweiserhebung. Es machte sich in allen Punkten die Auffassung der Beklagten zu eigen und stellte fest, daß keine schadensersatzpflichtige Handlung vorliege. Für mich bedeutete das Urteil, daß ich neben dem ohnehin durch Verdienstausfall erlittenen Schaden noch mit Gerichts- und Anwaltskosten in beträchtlicher Höhe belastet wurde. Es war für mich auch eine besonders bittere Erfahrung, daß das umfangreiche Beweismaterial nur einseitig zum Vorteil der Aufsichtsräte gewürdigt und das schäbige Verhalten der Aufsichtsräte vom Gericht sogar noch sanktioniert wurde.

Der bekannte deutsche Psychoanalytiker Horst-Eberhard Richter hat kürzlich in einer Realsatire zu den deutschen Gerichten festgestellt »Richter leben schließlich nicht auf einer Insel« und »Wichtige verdeckte Kontaktnetze sorgten dafür, daß es bei den stereotypen Erwartungen bleibe: Die Kleinen müssen sich vor den Richtern mehr vorsehen als die Großen«. Was soll ich dem nach dieser Erfahrung hinzufügen? Dennoch entschloß ich mich, in die nächste Instanz zu gehen, ja notfalls bis zum Bundesgerichtshof. Sollte auch die letzte Instanz angesichts des erdrückenden Beweismaterials zu dem Ergebnis kommen, daß die Frage, ob bei meiner Einstellung mit einer geschönten Bilanz taktiert wurde, unbeachtlich ist, wird dies ein Grundsatzurteil von weitreichender Bedeutung sein. Dem willkürlichen Manipulieren mit Bilanzen unter Profitgesichtspunkten einzelner wäre dann Tür und Tor geöffnet.

Auch hinsichtlich der Anlegerklagen können die drei Aufsichtsräte wohl damit rechnen, ohne größere Schadensersatzzahlungen davonzukommen. Bei der ersten Kammerverhandlung der 6. Zivilkammer des Landgerichtes Hannover gelang es den zahlreich erschienenen Anwälten der Beklagten vorerst von den eigentlichen Sachfragen abzulenken und die Verhandlung auf formaljuristische Verfahrens- und Zulässigkeitsfragen abzudrängen. Obwohl der Gerichtsstand Hannover bereits durch Beschluß des Bundesgerichtshofes bestätigt worden war, eröffneten die Anwälte erneut einen Nebenkriegsschauplatz um die Frage der örtlichen Zuständigkeit des Landgerichtes Hannover. Bernau hatte bereits zuvor den Bundesgerichtshof davon zu überzeugen versucht, daß der Gerichtsstand Hannover für ihn absolut unzumutbar sei. Er habe – so ließ er das Gericht wissen – seinen Wohnsitz in Berlin und nicht in Hannover. Wen kümmert es, daß er eine feudale Villa im hannoverschen Villenvorort Isernhagen bewohnt und seine Geschäfte nach wie vor im wesentlichen von seinem Büro in Hannover aus dirigiert.

Bei einer Zerstückelung des Gerichtsverfahren in möglichst viele kleine Verfahren können die Beklagten mit berechtigter Aussicht auf Erfolg hoffen, den Prozeß gewaltig in die Länge zu ziehen. Vor allem aber dürfte das Presseecho sehr viel geringer werden, als dies bei einem Mammutprozeß mit fast 900 Klägern auf der einen und immerhin sieben hochkarätigen Beklagten auf der anderen Seite zu erwarten ist.

Die Beklagten versuchten darüber hinaus, das Landgericht Hannover davon zu überzeugen, daß die Interessenvertretung der großen Anlegergruppe, die AAA-Unternehmensberatungs GmbH, eine rechtsmißbräuchliche Prozeßführung betreibe. Sie sei nämlich als Mantel-GmbH im Falle eines Unterliegens vermutlich nicht in der Lage, die immensen Prozeßkosten zu zahlen. Bei Wirtschaftsprozessen, vor allem mit Streitwerten in Millionenhöhe, gehört es heutzutage zur Normalität des Juristenalltags, daß die Rechtsanwälte der Beklagten durch vielerlei Maßnahmen, wie die Eröffnung von Nebenkriegsschauplätzen, die Erstellung umfangreicher, aber in der Sache nichtssagender Schriftstücke und Anträge zur Prozeßführung erreichen, die Prozesse in die Länge zu ziehen und unübersichtlich zu machen. Jahrelange, ausufernde Prozesse tragen nicht gerade dazu bei, den Blick für das Wesentliche zu schärfen und die Urteilsfähigkeit der Richter zu stärken. Auch wurde das Gericht mit einer wahren Materialflut überschüttet. Allein die Klageschriften der Anlegergruppen füllen mehrere

Aktenordner, ganz zu schweigen von den umfangreichen Schriftstücken der Beklagten.

Dennoch ließ sich das Gericht von dem Aufgebot von 17 Anwälten und der formalrechtlichen Antragsflut nicht gänzlich ausmanövrieren und vom eigentlichen Sachverhalt ablenken. Der Vorsitzende Richter vertrat in der mündlichen Verhandlung vielmehr die Auffassung, daß die Anleger mit Prospekten geworben worden seien, die teils unrichtige, teils unvollständige Angaben enthielten. So rügte das Gericht, daß die Planrechnungen für die Medienfonds 2 und 3 viel zu optimistisch waren, da die Kabelanschlüsse weit unter den Planvorgaben lagen. Außerdem sei den Anlegern – so das Gericht – fälschlicherweise suggeriert worden, daß die Bundespost bei den Kabelprojekten, in die die Anlegergelder fließen sollten, immer mit von der Partie sei. Schließlich schloß sich das Gericht in der ersten mündlichen Verhandlung der Auffassung der Kläger an, daß die immensen Vorkosten, die an die Prospektherausgeberin, die Gundlach & Sülter AG, zurückgeflossen sind, in den Prospekten hätten ausgewiesen werden müssen. Auch in einer weiteren Verhandlung im Juni 1990 ging es jedoch fast ausschließlich um formaljuristische Fragen.

Ob die Anleger letztendlich auch nur einen Teil der von ihnen eingeklagten 45 Millionen Mark erhalten, ist deshalb fraglich. Eins ist indes sicher, die Prozesse werden sich enorm in die Länge ziehen. Nicht nur die erste Verhandlung wurde bereits zweimal – auf Antrag der Beklagten – verschoben, auch die erste Teilurteilsverkündung wurde auf entsprechenden Antrag der Beklagten bereits mehrfach verlegt. Es wird noch viel Zeit vergehen, bis die Gerichte alle strittigen Fragen geprüft haben, und die Beklagten verfügen über genügend Mittel, um das Verfahren bis zum Bundesgerichtshof fortzuführen. Erfahrungsgemäß dauert das Verfahren bis zum Abschluß dann noch fünf bis sieben Jahre. Da ist nicht auszuschließen, daß sich die Kläger mit den Beklagten lieber außergerichtlich einigen und die Angelegenheit auf diese Weise in einem einvernehmlichen Deal ihr Ende findet.

Doch neben den zivilrechtlichen Auseinandersetzungen hat der Fall auch seine strafrechtlich relevanten Aspekte, denn die Bekämpfung unkorrekter Machenschaften im Wirtschaftsleben ist in erster Linie Aufgabe der Strafverfolgungsbehörden. In Sachen Kapitalanlagebetrug jedoch sind die deutschen Strafverfolgungsbehörden noch nicht aufgewacht, behauptet Kapferer, Geldmarktexperte in seinem kürzlich erschienenen Buch über die Machenschaften sogenannter Geldhaie. Dies gelte ganz besonders für Niedersachsen, wo Kapferer das sogenannte »Niedersachsen-Privileg« ausmachte. Seitdem sich nämlich in einigen Bundesländern, wie zum Beispiel Nordrhein-Westfalen, Wirtschaftsspezialisten bei den Kriminalämtern um einen wirksameren Schutz vor betrügerischen Geschäften mit Kapitalanlagen bemühten, gebe es in Niedersachsen eine auffällige Konzentration von Firmengründungen sogenannter Geldhaie.

Kapferers Feststellung wurde kürzlich von der Staatsanwaltschaft Hannover selbst bestätigt. Oberstaatsanwalt Klaus Ramberg erklärte im Frühjahr 1991 in der »Hannoverschen Allgemeinen Zeitung«: »Gutbetuchte Wirtschaftsstraftäter kommen meistens gimpflich davon.« Vor allem bei umfangreichen Wirtschaftsverfahren sei es an der Tagesordnung, sich hinter den Kulissen zu arrangieren und das Urteil »diskret abzusprechen«. Dabei bleibe die Gerechtigkeit leider häufig auf der Strecke. Die Bereitschaft der Anklagevertreter und Gerichte, bei den immer stärker ausufernden und komplizierter werdenden Verfahren »stille Arrangements« zu treffen, begünstige vor allem großkalibrige Weiße-Kragen-Täter. Der kleine Gesetzesbrecher genieße solche Vorteile nicht.

Auch meine Erfahrungen mit der Staatsanwaltschaft Hannover im Fall des Gundlach & Sülter-Skandals sind nicht gerade die besten. Noch als amtierende Vorstände der Gundlach & Sülter AG hatten Peter Mumme und ich entsprechend der Empfehlungen der HDI-Konzernrevision und des Aufsichtsrates im Dezember 1989 Anzeige gegen die beiden Ex-Vorstände bei der Staatsanwaltschaft Hannover erstattet. Dabei ging es nicht nur um die von der HDI-Revision festgestellten Unregelmäßigkeiten, sondern auch um Feststellungen der Wirtschaftsprüfungsgesellschaft Wollert-Elmendorff und Partner, die bei einer Vorprüfung zur Bilanz 1989 ebenfalls strafrechtlich relevante Sachverhalte aufgedeckt hatte.

Im Zusammenhang mit unserer Anzeige händigten wir der Staatsanwaltschaft Hannover auch den HDI-Revisionsbericht Nr. 224 aus, in dem die HDI-Revision eine Reihe strafrechtlich relevanter Sachverhalte, wie Untreue (mißbräuchliche Nutzung fremden Vermögens), unrichtige Bilanzdarstellung, ungerechtfertige Bereicherung aufgezeigt und belegt hatte. Darüber hinaus mußte die Staatsanwaltschaft Hannover seit Februar 1990 über die anhängigen Klagen der Anleger wegen Kapitalanlagebetruges informiert sein, zumindest hätte sie sich durch Zeitungslektüre hierüber problemlos unterrichten können. Auch hatte das Finanzamt Nord in einem Prüfungsbericht Anfang 1990 eine Reihe von Ungereimtheiten festgestellt und angedroht, die Abteilung für Fahndung und Steuerstrafsachen einzuschalten.

Kurz vor dem Konkurs und meinem Ausscheiden aus der Gundlach & Sülter AG habe ich bei der damals ermittelnden Staatsanwältin meine private Telefonnummer hinterlegt, damit sie mich gegebenenfalls zu Hause erreichen könne. Ich hörte allerdings nie mehr etwas von der Staatsanwaltschaft, weder ob die Ermittlungen eingestellt worden, noch ob sie überhaupt aufgenommen worden waren. Erst nachdem die »Hannoversche Allgemeine Zeitung« Ende September 1990 auf Grundlage der Anlegerklagen ausführlich über die Hintergründe der wegen Kapitalanlagebetrug anhängigen Prozesse und ihre strafrechtliche Bedeutung berichtet hatte, erklärte der ermittelnde Beamte beim Landeskriminalamt Hannover einer Journalistin, daß man prüfe, ob sich ein »Anfangsverdacht« gegen die Gundlach & Sülter-Verantwortlichen bestätigen lasse. Dazu brauchte die Staatsanwaltschaft, der Unterlagen zur Verfügung gestellt worden waren, die an Deutlichkeit nichts zu wünschen übrig ließen, fast ein Jahr.

Ende November gleichen Jahres erklärte der vom Konkursgericht bestellte Konkursverwalter Mühl in der »Bild-Zeitung«, es gebe keine Anhaltspunkte für strafrechtliche Vergehen der beiden Ex-Vorstände. Auch seien die in zweimonatiger Arbeit von den Revisoren des HDI erstellten Berichte in wesentlichen Teilen unrichtig. Vielmehr habe der neue Vorstand »schwerwiegende Fehler« gemacht, die letztlich zum Konkurs geführt hätten. Da der Konkursverwalter vom Konkursgericht bestellt ist, haben seine Erklärungen natürlich erhebliches Gewicht. Bei den hannoverschen Journalisten, die mit dem Gundlach & Sülter-Skandal befaßt waren, sprach sich schnell herum, daß als Hauptsündenbock nun der neue Vorstand in den Blickpunkt des Interesses gerückt wurde. Ich schickte daraufhin einen 20seitigen Bericht mit etlichen Anlagen an die Staatsanwaltschaft, die insbesondere über die finanziellen Unregelmäßigkeiten und den Verbleib der Anlegergelder Aufschluß gaben. Auch hierauf erfolgte bis heute (Juli 1991) – acht Monate danach – keinerlei Reaktion, nicht einmal eine Eingangsbestätigung.

Statt dessen meldete sich die Staatsanwaltschaft Hannover Ende Dezember 1990 telefonisch bei mir und teilte mir mit, daß aufgrund einer Anzeige wegen Untreue nunmehr gegen mich ermittelt werde. Ich hielt das zunächst für einen schlechten Scherz. Schließlich hatte ich alles in meinen Möglichkeiten stehende getan, um Unregelmäßigkeiten aufzuklären und den Schaden für Gläubiger und Anleger zu begrenzen. Es war jedoch kein Scherz, sondern bitterer Ernst. Bereits im Januar 1990, wenige Tage vor Konkurseröffnung, hatte Rechtsanwalt Dr. Parigger mich und meinen Vorstandskollegen im Namen seines Mandanten Gundlach wegen des Verdachts der Untreue gemäß §266 Strafgesetzbuch angezeigt. Es ging dabei um den Verkauf der minderwertigen Zeichentrickfilmserie und die Veräußerung von Finanzbeteiligungen. Die Staatsanwaltschaft hielt die dort vorgebrachten, völlig utopischen Preisvorstellungen wohl nicht für sonderlich überzeugend. Ich bin jedenfalls niemals auf die Anzeige angesprochen worden und konnte davon ausgehen, daß sie erfolglos geblieben war.

Fast ein Jahr später, im Dezember 1990, startete Dr. Parigger jedoch einen zweiten Versuch und zeigte mich im Namen seiner Mandanten Gundlach und Sülter bei der Staatsanwaltschaft Hannover erneut wegen Untreue an. Untreue wird mit Geldstrafe oder Freiheitsstrafe bis zu fünf, in besonders schweren Fällen bis zu zehn Jahren bestraft. Die von mir begangene Untreue sollte darin bestehen, daß ich den von der Neue Medien Programm GmbH (NMP) erworbenen und im übrigen unvollständigen Zeichentrickfilm angeblich nicht schnell genug verkauft hätte. Obwohl der Firma ein Kaufangebot am 21. November 1989 unterbreitet worden sei, sei der Kaufvertrag »erst« vier Wochen später abgeschlossen worden. Wäre der Film aber »schneller« verkauft worden, dann – so Rechtsanwalt Dr. Parigger – hätte der Konkurs vermieden werden können. Die Untätigkeit des Vorstandes stelle eine schwere Pflichtverletzung dar, durch die die Aktionäre der Gundlach & Sülter AG massiv geschädigt worden seien.

Der Verkaufspreis der Zeichentrickserie lag bei 4,5 Millionen Mark. Die im Zusammenhang mit der Herstellung und dem Vertrieb der Filmserie aufgelaufenen Schulden betrugen fast 7 Millionen Mark. Eigentlich hätte der auf Wirtschaftsstrafsachen spezialisierte Staatsanwalt schon auf den ersten Blick erkennen müssen, daß man einen 50-Millionen-Konkurs durch ein Verkaufsgeschäft, das mit 2 Millionen Mark Verlust abschließt, schwerlich verhindern kann. Dies aber auch noch als Untreue im Sinne des Strafgesetzbuches zu interpretieren, war schon ein juristisches Husarenstück. Doch die Ex-Vorstände hatten Erfolg. Der zuständige Staatsanwalt nahm die Ermittlungen auf. Er bat mich zur Vernehmung in sein Büro und händigte mir dort die vom hannoverschen Rechtsanwaltsbüro Dr. Parigger verfaßte Strafanzeige gegen mich aus. Ich sagte zu, zu den Vorwürfen schriftlich Stellung zu nehmen.

Eigentlich hatte ich damit gerechnet, daß der Staatsanwalt mich bei dieser Gelegenheit zu den Revisionsberichten des HDI und zu meiner Vorstandstätigkeit befragen würde. Immerhin lagen die Unterlagen der Staatsanwaltschaft bereits über ein Jahr vor und ich verfügte über Insiderkenntnisse. Doch nichts dergleichen geschah. Als ich dann meinerseits den Staatsanwalt auf meinen an ihn gerichteten Bericht ansprach, hielt er sich sehr bedeckt. Ich gewann den Eindruck, daß das Aufklärungsinteresse der Staatsanwaltschaft Hannover bezüglich der Ungereimtheiten bei der Gundlach & Sülter-Unternehmensgruppe nicht sonderlich groß war. Diejenigen, die unter dem Verdacht stehen, an Wirtschaftsdelikten beteiligt zu sein, erklärte mir der Staatsanwalt, verfügten erfahrungsgemäß immer über besonders gute Anwälte. Schon aus diesem Grund seien strafrechtliche Ermittlungen in solchen Fällen ganz besonders schwierig und langwierig.

Die von dem Rechtsanwaltsbüro Dr. Parigger verfaßte Anzeige entbehrte nicht nur jeglicher wirtschaftlichen Grundlage, sie enthielt auch noch eine Reihe völlig abwegiger Behauptungen und Halbwahrheiten. So verschwiegen die Anzeigenerstatter wider besseren Wissens, daß die Zeichentrickserie vor meinem Eintritt in den Vorstand des Unternehmens fast zwei Jahre unverkauft in den Schubladen gelegen hatte. Die angeblich hochwertige Filmserie enthielt nämlich gravierende Qualitätsmängel, was sie ebenfalls verschwiegen. Auf Betreiben der NMP GmbH war sogar durch einen Sachverständigen festgestellt worden: »Es handelt sich bei der Zeichentrickfilmserie um eine Billigserie minderer Qualität«.

Vornehm verschwieg Dr. Parigger in seiner Anzeige auch, daß von der NMP eingesetzte hochdotierte Filmberater sich über ein Jahr vergeblich um die Vermarktung der minderwertigen Filmserie bemüht hatten. Besonders unverfroren war indes die Behauptung des Rechtsanwaltes, an sich erfolgversprechende Verkaufsverhandlungen mit dem Westdeutschen Rundfunk seien wegen Spannungen zwischen seinen Mandanten Gundlach/Sülter und dem Aufsichtsrat abgebrochen worden. In einem Brief hatte der Westdeutsche Rundfunk klar und unmißverständlich zum Ausdruck gebracht, daß er »gravierende Qualitätsmängel« an der Zeichentrickserie ausgemacht habe und deshalb allenfalls 2 Millionen Mark für die Serie, für deren Produktion rund 6 Millionen Mark von der NMP GmbH ausgegeben worden waren, zu zahlen bereit sei. Die allerdings auch nur dann, wenn die Gundlach & Sülter AG im Gegenzug bereit sei, sich mit 8 Millionen Mark an einer WDR-Serie zu beteiligen.

Die Unverfrorenheit, mit der die beiden Ex-Vorstände gegen mich vorgingen, zahlte sich jedoch aus. Die Staatsanwaltschaft Hannover ging auf ihre Anzeige ein und nahm die strafrechtlichen Ermittlungen gegen mich auf. Damit gelang den Ex-Vorständen ein erster wichtiger Schritt, um einen Nebenkriegsschauplatz zu eröffnen, die strafrechtlichen Ermittlungen zu verkomplizieren und von sich selbst abzulenken.

Obwohl es im deutschen Strafrecht nicht vorgesehen und üblich ist, daß der Beschuldigte seine Unschuld beweist, habe ich in einem ausführlichen Bericht der Staatsanwaltschaft nachgewiesen, wie abwegig und haltlos die Anschuldigungen der Untreue war. Ich habe Briefe und andere Schriftstücke vorgelegt, aus denen zweifelsfrei hervorging, daß mir im Zusammenhang mit dem Verkauf der Zeichentrickserie keinerlei Pflichtverletzungen vorzuwerfen waren. Hinzu kam, daß wir den Film ohne Zustimmung des Aufsichtsrates gar nicht verkaufen konnten, dieser sein Einverständnis jedoch erst etwa drei Wochen nach dem Eingang des Kaufangebotes erteilt hatte. Schließlich waren durch den Filmverkauf nur 100000 Mark an Liquidität in die Kassen der NMP GmbH geflossen, da der größte Teil des Kaufpreises für eine Bankkredittilgung verwendet werden mußte. Es gehören schon akrobatische Rechenkünste dazu, mit 100000 Mark Geldzufluß einen 50-Millionen-Konkurs zu verhindern.

Ich empfahl dem ermittelnden Staatsanwalt, doch lieber der Frage nachzugehen, warum für die Herstellung einer in Taiwan hergestellten Billigserie über 6 Millionen Mark gezahlt worden sind. Auch hielte ich es für strafrechtlich sehr viel ergiebiger, festzustellen, wieviel die eigentliche Filmproduzentin, die Firma FAR EASTERN ANIMATION, von diesem Geld tatsächlich bekommen hat. Warum war überhaupt ausgerechnet die ECP aus Liechtenstein, bei der es sich mit hoher Wahrscheinlichkeit um eine Briefkastenfirma handelte, mit der Herstellung einer Filmserie beauftragt worden?

Ich bat den ermittelnden Staatsanwalt angesichts der Eindeutigkeit und Klarheit des Vorgangs, die aufgrund einer falschen Strafanzeige gegen mich in Gang gesetzten Ermittlungen schnellstmöglich einzustellen. Daran war mir sehr gelegen, weil Gundlach und Sülter ihre unsinnigen Anschuldigungen in Form von Pressemitteilungen in die Öffentlichkeit gebracht hatten. Die Folge war, daß die »Bild-Zeitung« in der für sie typischen ins Auge springenden Aufmachung schrieb: »Strafanzeige wegen Untreue gegen Bettina Raddatz«, was meine schwierige berufliche Lage weiter verschlechterte. Doch die Staatsanwaltschaft ließ sich sehr viel Zeit mit der Aufklärung der selbst für einen Laien auf den ersten Blick als völlig unsinnig erkennbaren Anschuldigungen. Sie stellte die Ermittlungen in dieser Angelegenheit bislang (Ende Juni 1991) nicht ein. Auch nahm sie keinerlei Anstoß daran, daß Gundlach und Sülter mich wider besseres Wissen falsch beschuldigt und versucht hatten, den Verdacht, den 50-Millionen-Konkurs verursacht zu haben, auf mich zu lenken. Es störte den ermittelnden Staatsanwalt auch nicht, daß die beiden Ex-Vorstände dabei falsche Behauptungen (»WDR hatte Interesse an Ankauf, durch Filmverkauf hätte Konkurs verhindert werden können«) aufstellten und ganz wesentliche Fakten (mangelhaftes Billigprodukt aus Taiwan, in das über 6 Millionen Mark geflossen waren) verschwiegen.

Das Strafgesetzbuch sieht für falsche Anschuldigungen, mit denen wider besseres Wissen ein Ermittlungsverfahren einer Strafverfolgungsbehörde in Gang gesetzt wird, Geld- oder Freiheitsstrafen bis zu fünf Jahren vor. Doch auch für diese Vorschrift galt im vorliegenden Fall ganz offensichtlich der von Oberstaatsanwalt Ramberg festgestellte Grundsatz, daß wohlbetuchte Weiße-Kragen-Täter begünstigt werden.

Doch damit nicht genug! Die Staatsanwaltschaft setzte ein weiteres Ermittlungsverfahren gegen mich in Gang. An einem Montagmorgen im März 1991 kurz vor acht – eine Woche zuvor hatte der mit dem Finanzskandal Gundlach & Sülter befaßte Staatsanwalt meine ausführliche Stellungnahme zu der Untreueanzeige bekommen – erschien sein Kollege Staatsanwalt Graefe in Begleitung von vier Kriminalpolizisten mit einem Durchsuchungsbeschluß bei mir zu Hause. Es bestehe der »schwerwiegende Tatverdacht, daß ich Briefe beleidigenden Inhalts an den NDR geschrieben hätte, in denen Frau Alida Gundlach als »Betrugsnudel« bezeichnet worden sei. Er habe deshalb einen Hausdurchsuchungsbeschluß bewirkt, um meine Schreibmaschine sicherzustellen.

Anderthalb Jahre nach dem spektakulären Konkurs, bei dem etliche Betriebe Geld verloren hatten und in dessen Folge Anlegergelder in Höhe von über 60 Millionen Mark gefährdet waren, wurde die ermittelnde Staatsanwaltschaft jetzt also erstmals offensiv in Form einer Hausdurchsuchung tätig. Ihr Interesse richtete sich jedoch nicht gegen die Ex-Vorstände, die allein für sich fast acht Millionen Mark aus dem Unternehmen gezogen hatten und nach Feststellung des Finanzamtes Hannover Nord über eine Million Mark Lohnsteuer nicht abgeführt hatten, auch nicht gegen die Aufsichtsräte oder involvierten Ex-Berater, nein, es richtete sich gegen diejenige, die die Aufklärung der Wirtschaftsdelikte veranlaßt hatte. Mein Bemühen um kooperative Zusammenarbeit beantwortete die Staatsanwaltschaft auf ihre Art und Weise.

Vor allem wunderte ich mich, daß fünf Beamte eingesetzt wurden, um eine Schreibmaschine sicherzustellen. Mir erschien das angesichts der Arbeitsüberlastung, über das die Strafverfolgungsbehörden permanent klagen, nicht gerade sonderlich effizient. Ich fragte Staatsanwalt Graefe, weshalb man wegen einer Beleidigungssache einen solchen Aufwand treibe, bei den Ermittlungen in dem Finanzskandal selbst hingegen so defensiv vorgehe. Ob er nicht auch der Meinung sei, daß das öffentliche Interesse an der Aufklärung des Finanzskandals, bei dem Handwerker, Banken, Anleger und nicht zuletzt der Staat, d.h. die Steuerzahler, Millionen verloren hätten, größer sei als in dem vorliegenden »Beleidigungsfall«. Der Staatsanwalt sah das anders, ließ meine Schreibmaschine beschlagnahmen und unser Haus nach weiteren »Tatobjekten« durchsuchen. Die Aktion der Staatsanwaltschaft war zeitlich mit dem Rechtsanwalt von Alida Gundlach, Dr. Parigger, abgestimmt. Zur gleichen Zeit, als die Durchsuchung bei mir stattfand, verschickte Alida Gundlach Einladungen für eine Pressekonferenz und kündigte »bemerkenswerte Mitteilungen« an. Auf dem zwei Tage darauf stattfindenden Pressegespräch, an dem sie dann erstaunlicherweise selbst nicht teilnahm, erklärte Dr. Parigger: »Durch Schriftgutachten haben wir ermittelt, daß Bettina Raddatz mit an Sicherheit grenzender Wahrscheinlichkeit Briefe mit fingiertem Namen an den NDR geschickt hat, in denen Alida Gundlach beleidigt wird.«

Ein weiteres Mal war es dem Ehepaar Gundlach gelungen, mich negativ in die Schlagzeilen zu bringen. Diesmal mit Hilfe der Staatsanwaltschaft; die, ohne das »private« Schriftgutachten durch das Landeskriminalamt prüfen zu lassen, mit Rücksicht auf die von Alida Gundlach geplante Presseaktion kurzfristig einen Durchsuchungsbeschluß erwirkt hatte. In der Verfügung der Staatsanwaltschaft heißt es hierzu:

»Rechtsanwalt Dr. Parigger bat darum, eine Durchsuchung zur Beschlagnahme der zur Fertigung der Tat-Schriften verwendeten Schreibmaschine unverzüglich zu veranlassen, weil der Verlust des Beweismittels drohe. Seine Mandantin Alida Gundlach werde sich möglicherweise alsbald in einer Pressekonferenz gegen die beleidigenden Vorwürfe zur Wehr setzen; wenn auf diese Weise bekannt werde, gegen wen sich der Verdacht richte, sei zu befürchten, daß eine anschließende Auffindung der Schreibmaschine nicht mehr möglich sein werde. Ich habe Dr. Parigger erklärt, daß die Frage, ob ein Durchsuchungsbeschluß sachgerecht sei, geprüft werde. Ich habe ihm erklärt, daß aus meiner Sicht eine Presseerklärung auf keinen Fall vor dem 13.3.1991 erfolgen dürfe, wenn seine Mandantin nicht das Erreichen des Untersuchungsziels gefährden wolle. Dr. Parigger hat zugesichert, auf seine Mandantin entsprechend einzuwirken.«

Die naheliegende Frage, warum Alida Gundlach durch eine Pressekonferenz die breite Öffentlichkeit darüber informieren wollte, daß Briefe angeblich beleidigenden Inhalts bei ihrem Arbeitgeber, dem NDR, eingegangen sind, stellte der Staatsanwalt nicht. Statt dessen zog er es vor, dem Rechtsanwalt von Alida Gundlach eine Empfehlung für den richtigen Zeitpunkt einer solchen gegen mich gerichteten Presseaktion zu geben.

Obwohl der Staatsanwaltschaft die diversen Versuche Gundlachs, mich mit einer einstweiligen Verfügung, einer Unterlassungsklage und einer vorsätzlich falschen Strafanzeige mundtot zu machen, bestens bekannt waren, trat sie unverzüglich in Aktion. Nach den vorliegenden Vorkommnissen wären etwas mehr Umsicht und Fingerspitzengefühl sicher nicht zu viel verlangt gewesen. Doch der Staatsanwalt vermerkte in seinen Akten, seine Überprüfung des privaten Schriftgutachtens habe einen konkreten Anfangsverdacht ergeben. Für das Gutachten hatte das Ehepaar Gundlach meine Hausmülltonne durchwühlen lassen, um an von mir verfaßte Schriftstücke heranzukommen.

Selbst einem Laien konnten bei oberflächlicher Betrachtung des sogenannten Schriftgutachtens die eklatanten Widersprüchlichkeiten und Ungereimtheiten nicht verborgen bleiben. Heiterkeit löste bei meinem Anwalt und mir die Feststellung des Schriftgutachters aus, daß die Unterschrift »Ingrid Becker«, mit der eines der Schriftstücke unterschrieben worden war, mit hoher Wahrscheinlichkeit von mir stamme, weil die Verfasserin über 60 Jahre alt sein dürfte. Der Staatsanwaltschaft war aus dem vorhergehenden Ermittlungsverfahren bekannt, daß ich Ende 30 bin. Doch war dieser Widerspruch bei der »sachgerechten Prüfung« nicht aufgefallen.

Auch wenn dieser Vorfall nicht einer gewissen Komik entbehrt, wirft er doch ein mehr als trauriges Bild auf die Arbeit der Strafverfolgungsbehörden. Immerhin verfügte die Staatsanwaltschaft Hannover seit anderthalb Jahren über Unterlagen, in denen das Ehepaar Gundlach mit verschiedenen Wirtschaftsdelikten in Zusammenhang gebracht wurde. Ihr war bekannt, daß Gundlachs auf mich, die eine Revision veranlaßt und zur Aufdeckung gewisser Unregelmäßigkeiten beigetragen hatte, sehr schlecht zu sprechen waren. Auch hätte sie sich leicht davon ein Bild machen können, daß Alida Gundlach, insbesondere im Zusammenhang mit ihrer Geschäftsführertätigkeit bei der NMP GmbH, durchaus an äußerst dubiosen Handlungen beteiligt war. Dennoch fuhr sie schwerste Geschütze auf, um Gundlachs bei ihren Absichten, mich in der Öffentlichkeit ein zweites Mal herabzusetzen, nach besten Kräften zu unterstützen.

Anderthalb Jahre nach dem Zusammenbruch des erst wenige Jahre zuvor von einigen profitgierigen, finanzkräftigen Männern der Wirtschaft geschaffenen Firmenkonglomerats ist die zuständige Strafverfolgungsbehörde gegen keinen einzigen der für die fragwürdigen Finanzmanöver Verantwortlichen offensiv vorgegangen. Die einzige bisher (Anfang Juli 1991) im Zusammenhang mit dem Finanzskandal durchgeführte Hausdurchsuchung fand bei mir statt, das einzige bislang sichergestellte Beweismittel ist meine Reiseschreibmaschine. Trotz des den Ermittlungsbehörden bekannten Verdachts auf Untreue, falsche Bilanzdarstellung, Steuerhinterziehung und Kapitalanlagebetrug wurde bislang keine einzige Akte, kein einziger Vermerk, kein einziges Schriftstück beschlagnahmt.

Im gleichen Zeitraum ermittelte die Staatsanwaltschaft Hannover hingegen mit enormen Aufwand gegen Männer und Frauen, vor allem Arbeitslose*, wegen des »schwerwiegenden Mißbrauchs von Leistungen des Arbeitsamtes«. In einem dieser »schwerwiegenden Fälle« wurde kürzlich ein 50jähriger Mann zu einer Freiheitsstrafe von 5 Monaten auf Bewährung verurteilt, weil er schwarz gearbeitet und das Arbeitsamt um 21 000 Mark geschädigt haben soll. In dem Gundlach & Sülter-Finanzskandal machen allein die Steuerschäden aufgrund verdeckter Gewinnausschüttun-

* Es wurde in 290 Fällen ermittelt (Quelle: HAZ vom 4. April 1991)

gen ein Zigfaches aus, von den übrigen Wirtschaftsdelikten ganz zu schweigen.

Der ehemalige Präsident des Oberlandesgerichtes Braunschweig, Rudolf Wassermann, erklärte kürzlich im »Rheinischen Merkur«: »Unser Rechtsstaat funktioniert, wenn es sich um schlichte Rechtsbrüche handelt, etwa die Nichtbeachtung von Parkverboten.« Auch dieser Fall bestätigt, daß wir von der Gleichheit vor dem Gesetz weit entfernt sind, und daß man bei wirklich großen Delikten eher Nachsicht und Milde walten läßt, bei Kleinstdelikten hingegen schwerste Geschütze auffährt. Wenden wir uns deshalb abschließend der Frage zu, wer denn nun die Gewinner und die Verlierer in dem von mir beschriebenen Finanzdebakel sind.

4. Gewinner und Verlierer

Da oben gehen die Uhren halt anders als unten. Dort oben geziemt es sich nicht, sich selbst oder einander etwas leicht oder gar nachhaltig krumm zu nehmen.

Horst-Eberhard Richter

In der von Männern beherrschten und nach ihren Spielregeln funktionierenden Wirtschaftswelt gelten menschliche Werte wie Verantwortungsgefühl, Kooperationsbereitschaft und Fürsorge nicht allzuviel. Die für männliche Manager charakteristischen Führungsstrukturen fördern vor allem die als »typisch männlich« geltenden Eigenschaften wie Gefühllosigkeit, ausgeprägten Behauptungswillen und Härte bis hin zur Rücksichtslosigkeit. Bemerkenswert sind in diesem Zusammenhang die Ergebnisse einer kürzlich von Sally Helgesen (*Frauen führen anders*, Frankfurt/M. 1991) durchgeführten Untersuchung zum Führungsverhalten erfolgreicher Frauen. Danach gefährden die in den Führungsetagen derzeit weitgehend noch verpönten Werte und Verhaltensweisen wie soziale Verantwortung, Mitgefühl, die Bereitschaft, auf Statussymbole zu verzichten, und vor allem die Fähigkeit, einen kooperativen Führungsstil zu praktizieren (und nicht nur in Managerseminaren darüber zu diskutieren) keineswegs die Effizienz und den Unternehmenserfolg. Genau das Gegenteil ist der Fall. Durch stärkere Einbeziehung menschlicher Werte wird die Atmosphäre am Arbeitsplatz verbessert und die Leistungsbereitschaft und Kreativität bei den Beschäftigten positiv beeinflußt.

So drängt sich der Verdacht auf, daß das krampfhafte Festhalten an den von Männern entwickelten Führungskonzepten und Machtstrukturen in den Führungsetagen unserer Wirtschaft viel mehr dem eigenen Machtstreben dient, als dem Wohl des Unternehmens selbst. Sorgfältig vermeidet der auf Erfolg programmierte westdeutsche Manager jegliche Andeutung von Zweifeln oder gar Emotionen, stellten unlängst auch Psychologen in einem deutschen Wirtschaftsmagazin fest. Zweifel und Gefühle zu zeigen, könne als Schwäche ausgelegt werden, und die vertrage sich nicht mit dem Selbstverständnis der in den Chefetagen regierenden, auf die Demonstration permanenter Macht bedachter Managertypen.

Diese Spielregeln und Verhaltensstrukturen haben auch die Gundlach & Sülter-Verantwortlichen mit Erfolg beherzigt. Sie haben keine Zeit damit verschwendet, über mögliche Schäden und Geschädigte, geschweige denn eigenes Verschulden nachzudenken. Meine Appelle an ihre soziale Verantwortung gegenüber unbeteiligten Mitarbeitern blieben im HDI-Konzern und bei dem erfolgreichen Großmanager Dr. Bernau nicht nur ungehört, sondern führten zu Abwehrreaktionen. Deutlich ließen sie mich spüren, daß Emotionalität und Mitgefühl nicht in ihr Kalkül paßten. Sie sind damit fürs erste nicht schlecht gefahren. Anderthalb Jahre nach dem Firmenzusammenbruch der Gundlach & Sülter AG befindet sich kein einziger der Verantwortlichen auf der Seite der Verlierer. Allesamt haben sie das Desaster unbeschadet überstanden.

Dr. Manfred Bernau, Mitbegründer und Aufsichtsratsvorsitzender der Gundlach & Sülter AG, Aufsichtsratsvorsitzender der Medienfonds und Hauptaktionär der Gundlach & Sülter, erklärte Ende November 1990 in einem Fernsehinterview des NDR, daß die alleinige Verantwortung für den Zusammenbruch bei den alten und neuen Vorständen liege. Diese hätten es nicht verstanden, das Unternehmen »richtig zu führen«. Er selbst trage keinerlei Mitverantwortung für die Vorkommnisse bei der Gundlach & Sülter AG und in den Medienfonds. Als völlig abwegig und unsinnig wies er die Behauptung der geschädigten Anlegergruppe zurück, es liege Kapitalanlagebetrug vor. Der Firmengründer und -lenker Dr. Bernau, der die Geschäfte der Gundlach & Sülter AG maßgeblich bestimmt und auch die Investitionen der Medienfonds überwacht hat, ist mit seinen Behauptungen bislang nicht auf nennenswerten Widerspruch gestoßen.

Ihm und seinen diversen Geschäften hat die Gundlach & Sülter-Misere nicht im geringsten geschadet. Im Gegenteil, Bernau kann auf ein besonders erfolgreiches Geschäftsjahr 1990 zurückblicken.

Seine Berliner Elektro Holding AG befindet sich mit über 400 Millionen Mark Umsatz weiter auf Erfolgskurs, wie der Presse zu entnehmen ist. Ihr Gewinn hat sich in 1990 gegenüber dem Vorjahr verdoppelt, und sie wurde mit einer Flut von Bewerbungen interessierter Beteiligungsgesellschaften überschwemmt. Mehr als 200 Firmen bemühten sich, einem Bericht des »Handelsblatt« vom 7. Juni 1990 zufolge, um eine Aufnahme in Bernaus Berliner Elektro.

So hat sich Bernau durch den Gundlach & Sülter-Crash auch nicht von seinem Erfolgsrezept abbringen lassen, kleinere Firmen aufzukaufen und an die Börse zu bringen. Kurz nach dem Gundlach & Sülter-Konkurs brachte er die Signalbau Huber, an der seine Berliner Elektro zusammen mit der HANNOVER Finanz die Mehrheit hält, an die Börse. Das bei der Gundlach & Sülter AG gescheiterte Vorhaben, durch Ausgabe von Vorzugsaktien den Wert der eigenen Aktien zu erhöhen, gelang bei dieser Firma geradezu vorbildlich. Der Gang an die Börse mit der Signalbau Huber erwies sich für die Berliner Elektro und die HANNOVER Finanz als überaus erfolgreich. Der Kurs ihrer Aktien stieg innerhalb weniger Monate um fast 50 Prozent. Die Berliner Elektro wolle, so verkündete Bernau im Juni 1990 im »Handelsblatt«, sich in Zukunft nur noch größere Firmen mit »Börseneinführungsqualität einverleiben«.

Wenige Wochen nach dem Gundlach & Sülter-Konkurs gründete Bernau die Berliner Elektro Ostdeutschland und Osteuropa Holding AG. Mit dieser Gesellschaft will Bernau sich in osteuropäischen Ländern engagieren und sich mit »der Neugestaltung der wirtschaftlichen Verhältnisse in der ehemaligen DDR« befassen. Mit Hilfe dieser Gesellschaft will er laut »Gerlach report« 12/1990 fünf Millionen Mark bei den Bürgern im Gebiet der ehemaligen DDR einsammeln. Bleibt im Interesse dieser Anleger nur zu hoffen, daß sie weniger Pech haben als die Anleger der Gundlach & Sülter AG.

Unermüdlich plant Bernau neue Geschäfte, sei es in München, in Berlin, in Budapest, in Gera oder in Hannover. Da habe er, ließ er den Bundesgerichtshof mit Schreiben vom 16. März 1990 herablassend wissen »keine Zeit, ständig zu Gerichtsverhandlungen nach Hannover zu kommen, zumal die wirtschaftlich vernünftige

Neuordnung der Verhältnisse in der DDR wichtiger und vordringlicher erscheine«. Hätte ein Normalbürger in einem Gerichtsverfahren, bei dem 900 Anleger über 45 Millionen Mark an Schadensersatz einklagen, eine derart brüskierende Erklärung abgegeben, wäre ihm ein Verweis des Gerichtes sicher gewesen. Nicht so bei dem »Erfolgsunternehmer« Dr. Bernau, der nun daran gegangen ist, mit seinem Tatendrang das Wohlergehen der Bürger in der ehemaligen DDR zu fördern. So verkündete er im Juni 1991 im »Handelsblatt«, daß er in Ostdeutschland eine Bau-Holding gegründet habe, die er demnächst an die Börse bringen wolle.

Auch materiell ist Bernau ohne nennenswerte Einbußen aus der Gundlach & Sülter-Affäre herausgekommen. Dem Verlust von rund 3 Millionen Mark an Aktienkapital stehen Dividendenbezüge von rund 1 Million Mark gegenüber sowie beachtliche Aufsichtsratsbezüge. Er, der heute jegliche Mitverantwortung für die Misere weit von sich weist, ließ sich seine Aufsichtstätigkeit für die Gundlach & Sülter AG und die Medienfonds mit 160 000 Mark jährlich bezahlen. Ein wahrhaft mehr als fürstlicher Betrag, der ihn allerdings nicht daran hindert, heute den »Ahnungslosen« zu spielen, nach dem Motto: Mitkassieren und Mitmachen bedeutet keineswegs Mitverantwortung!

Mit einer Anklage durch die Staatsanwaltschaft Hannover wird Bernau nach dem bisherigen zögerlichen Fortgang des Verfahrens wohl kaum mehr rechnen müssen. Falls sich doch ein Staatsanwalt finden sollte, der den Mut hat, gegen Bernau Ermittlungen aufzunehmen und Anklage zu erheben, wird dieser mit Unterstützung einer Vielzahl hoch dotierter Anwälte sicherlich Mittel und Wege finden, die Ermittlungen zu verzögern und andere als Sündenböcke auszumachen. Sollte es schlimmstenfalls wider Erwarten doch noch zu einer Anklage kommen, wird sich die gängige, von Oberstaatsanwalt Ramberg beschriebene Praxis, hinter den Kulissen stille Arrangements zu treffen, sicherlich zu seinen Gunsten auswirken.

Auch die Spitzenmanager des zweiten Hauptaktionärs, der HANNOVER Finanz und des dahinterstehenden HDI-Konzerns, gehören nicht zu den Verlierern des Zusammenbruchs. Der Vorstandsvorsitzende und Spitzenverdiener des HDI – eine Million Jahresgehalt

– Adolf Morsbach, Ende 50, kann zuversichtlich sein, daß – falls es nicht vorher zu einem Vergleich kommt – die langjährigen Schadensersatzklagen der Anleger erst dann zum Abschluß kommen, wenn er seinen »wohlverdienten« Ruhestand angetreten hat. Im übrigen vertrauen er und seine Mitstreiter darauf, daß sich die Gerichte und Justizbehörden mit der offiziellen Erklärung seines Hauses, der HDI habe mit der Gundlach & Sülter AG nichts zu tun, zufriedengeben. Als eines der größten Unternehmen in Niedersachsen kann der HDI vermutlich auf besonders viel Wohlwollen und Nachsicht bei den Justizbehörden rechnen.

Der HDI mit über einer Million Mitgliedern sah sich auch nicht veranlaßt, irgendwelche personellen Konsequenzen aus der Affäre zu ziehen. Lieber versuchte man sich in Schönwettererklärungen, um dadurch den Eindruck zu erwecken, daß im Grunde alles in bester Ordnung ist.

Das Managementmitglied des HDI-Konzerns Hans-Peter Schandelmaier, stellvertretendes Aufsichtsratsmitglied der Gundlach & Sülter AG und der Medienfonds, ist unbeschadet aus der Affäre hervorgegangen. Er, der bekanntlich als Entschuldigung für seine nachlässige Aufsichtsratstätigkeit in der Presse erklärte, er sei dem »Charme des Herrn Gundlach erlegen«, kann demnächst sogar mit einer größeren Geldsumme aus der Gundlach & Sülter-Konkursmasse rechnen. Der Leser möge sich einmal vorstellen, eine Frau hätte eine solche Erklärung abgegeben. Sie wäre mit Hohn und Spott überschüttet worden. Die Männerkumpanei in den Chefetagen westdeutscher Unternehmen bewährte sich jedoch wieder einmal und verhinderte, daß mit gleichen Maßstäben gemessen wird. Konkursverwalter Mühl, stets dem HDI-Konzern und ihren Oberen zugetan, hat dann auch die noch rückständigen Vergütungen für die »hervorragenden Aufsichtsratsleistungen« von Schandelmaier in Höhe von 62 000 Mark als Forderungen zur Konkurstabelle voll anerkannt.

Für den Vorstandsvorsitzenden der HANNOVER Finanz, Hertz-Eichenrode, hat Morsbach sogar ausdrücklich eine Ehrenerklärung in der Presse abgegeben. Hertz-Eichenrode habe sich um das Wohl des HDI-Konzerns und seiner Mitglieder besonders verdient gemacht. Die Mitglieder können sich nun die Frage stellen, inwieweit die von Hertz-Eichenrode zu verantwortende Beteiligung des HDI-Konzerns an einer unseriösen Abschreibungsfirma ihren Interessen diente. In Wahrheit war es allen voran Hertz-Eichenrode, der ein besonders ausgeprägtes Maß an Arroganz, gepaart mit besonderer Gleichgültigkeit und Berechnung, an den Tag legte. Hatte er mich doch zunächst ausdrücklich gebeten, an einer Offenlegung der tatsächlichen wirtschaftlichen Verhältnisse bei der Gundlach & Sülter AG und in den Fonds mitzuwirken, um mich dann, nachdem er sich plötzlich entschlossen hatte, doch lieber zu vertuschen statt aufzuklären, wie ein heißes Eisen fallenzulassen.

Die HANNOVER Finanz konnte den mit dem Konkurs verbundenen Verlust des Aktienkapitals an der Gundlach & Sülter AG ebenfalls finanziell leicht verschmerzen. Auch sie hatte 1990 ein besonders erfolgreiches Geschäftsjahr. Der von Morsbach und seinem Vorstandskollegen Dr. Reichmann befürchtete Imageschaden ist aufgrund des widersprüchlichen und ungeschickten Verhaltens der HDI-Oberen zwar nicht gänzlich ausgeblieben, gehört aber – begünstigt durch die Schnellebigkeit und Informationsüberflutung unserer Zeit – schon wieder der Vergangenheit an. Es ist inzwischen wohl Gras über die Angelegenheit gewachsen.

Ansonsten haben sich die für die westdeutschen Vorstandsetagen typischen Verdrängungsmechanismen auch beim HDI wieder einmal bestens bewährt. Zunächst hat der HDI die alleinige Schuld auf die beiden Ex-Vorstände abgewälzt (»Wir sind hintergangen worden«). Als der HDI es aus opportunistischen Erwägungen dann für besser hielt, sich mit den Ex-Vorständen zu arrangieren, waren es zunächst einige Journalisten, die »vieles durcheinandergebracht hatten«, und dann war es das neue Vorstandsmitglied Raddatz, das die HDI-Revision zu unrichtigen Berichten verleitet hat. Ähnlich wie Bernau ist auch der HDI in der ehemaligen DDR aktiv geworden und beglückt nun die früheren volkseigenen Betriebe mit seinen Versicherungsleistungen.

Ganz oben auf der Gewinnerliste des Gundlach & Sülter-Konkurses aber steht Harro Lein, der sich nach profitträchtigen Jahren als Koordinator für den Anlagevertrieb bei der Gundlach & Sülter AG nach ihrem Zusammenbruch zum hochdotierten Interessenwalter geschädigter Anleger machte. Lein, ehemals Top-Verdiener der Gundlach & Sülter AG, bezeichnete zwar in der von ihm selber initiierten Klageschrift der großen Anlegergruppe die Gundlach & Sülter-Unternehmensgruppe als Selbstbedienungsladen, vergaß aber zu erwähnen, daß er ebenfalls mit Millionenbeträgen von diesem System profitiert hatte. Zwar steht Lein als Initiator der Media Programm Lizenzverwertung GmbH & Co. KG (Gegenstand dieses Fonds ist der Erwerb von TV-Verwertungsrechten für Kinofilme und die Beteiligung an neuen Filmproduktionen), einer weiteren Abschreibungsgesellschaft, ebenfalls unter Beschuß, doch hat dies ihm bislang nicht geschadet. Auch die Anleger dieses Fonds haben kürzlich Klage beim Landgericht München erhoben, weil sie sich ebenfalls geschädigt fühlen.

Dies alles hinderte Lein indes nicht daran, sich den geprellten Anlegern der drei Medienfonds als Retter in der Not anzudienen und dafür erhebliche Beträge zu kassieren. In der Zeit von Anfang Dezember 1989 bis heute hat Lein erneut fast eine Million Mark für die Geschäftsführertätigkeit in den drei Medienfonds kassiert. Gleichzeitig sorgte er dafür, daß auch sein Bruder, Rechtsanwalt Ulrich Lein aus Düsseldorf, nicht zu kurz kam. Der erhielt bekanntlich 650 000 Mark an Anwaltshonoraren für die Interessenvertretung der großen Anlegergruppe. Auch die Brüder Lein betätigen sich auf dem Gebiet der ehemaligen DDR. Wie die Monitor-Redaktion des WDR kürzlich berichtete, soll Ulrich Lein im Zusammenhang mit einer Hotelausschreibung in Chemnitz Beihilfe zur Korruption geleistet haben.

Zu den Konkursgewinnern gehört auch der Konkursverwalter Reinhard Mühl. Unumstritten, unangefochten und uneingeschränkt managt Mühl mit Zustimmung des Konkursgerichtes Hannover die Geschäfte der in Konkurs gegangenen Gundlach & Sülter AG. Dabei vertritt er vor allem die Interessengemeinschaft aus Ex-Vorständen, Ex-Aufsichtsräten und Hauptaktionären. Aus den Akten des Konkursgerichtes Hannover ergibt sich, daß er einen Betrag in Höhe von 3,5 Millionen Mark als Konkursforderung anerkannt hat, der äußerst zweifelhaft ist. Dabei handelt es sich nämlich um Gesellschafterdarlehen der beiden Hauptaktionäre, der Familie Bernau und der HANNOVER Finanz. Nach den gesetzlichen Vorschriften sind kapitalersetzende Gesellschafterdarlehen hingegen wie Eigenkapital zu behandeln und folglich keine Konkursforderungen.

Großzügig war Mühl auch gegenüber dem früheren Aufsichtsratsmitglied Haenel, dessen rückständige Aufsichtsratsvergütungen in Höhe von knapp 50 000 Mark er auch für berechtigt hielt.

Ebenso können die früheren Gundlach & Sülter-Exberater Egbert Nölken und Rechtsanwalt Dr. Böx aufatmen. Leidige Leistungsnachweise für ihre Millionenhonorare oder gar Rückforderungen werden ihnen vom Konkursverwalter keineswegs abverlangt, im Gegenteil erkannte er zusätzlich Gebührenforderungen der beiden Exberater in Höhe von über 80 000 Mark an. Warum auch sollte Mühl sich der mühseligen Aufgabe unterziehen, Rückforderungsansprüche gegen die Ex-Vorstände und Ex-Berater durchzusetzen und sich deshalb mit einflußreichen Managern anlegen, die zu den Höchstverdienern in Norddeutschland gehören?

Auf der einen Seite stehen also der Großindustrielle und mehrfache Millionär Dr. Bernau, der HDI-Versicherungskonzern, die Einkommensmillionäre Gundlach und Sülter, die Ex-Berater und Großverdiener Egbert Nölken, Dr. Böx und Harro Lein sowie das Ex-Aufsichtsratsmitglied Manfred Haenel. Sie haben allesamt das gemeinsame Interesse, daß der Gundlach & Sülter-Skandal nunmehr ein rasches und vor allem lautloses Ende findet. Auch die Banken haben natürlich kein Interesse an unnötigem Gerede über einen Finanzskandal auf dem Kapitalanlagemarkt, einem Markt, in dem sie sich ebenfalls betätigen. Auf der anderen Seite stehen über das ganze Bundesgebiet zerstreute Anleger und kleinere Handwerksbetriebe als Konkursgläubiger. Da ist es doch verständlich, daß Mühl sich auf die Seite derjenigen geschlagen hat, die die unliebsame Affäre unter den Teppich kehren und beenden wollen.

Mühl hat die sich ihm bietende Chance ergriffen, sich mit einer Konkursabwicklung, bei der die Konkursursachen und Verantwortlichen im Verborgenen bleiben, in gewichtigen Wirtschaftskreisen zu profilieren. Er hat inzwischen in den repräsentativen Büroräumen der Gundlach & Sülter AG ein Zweitbüro errichtet. Außerdem kann er mit einer stattlichen Vergütung für seine »Verdienste« rechnen, da er die Geschäfte der Gundlach & Sülter AG in Konkurs weitergeführt hat, was ihm nach der Konkursordnung Extra-Einnahmen beschert. Im August 1990, also ein halbes Jahr, nachdem auf Mühls Initiative hin die noch vorhandenen Vermögenswerte der Gundlach & Sülter AG in sechs Auffanggesellschaften transferiert worden waren, gründete Mühl drei Beteiligungsgesellschaften mit Sitz in Hannover. Der einzige Geschäftszweck dieser Gesellschaften ist die Beteiligung an anderen Firmen und die Vermögensverwaltung. Alleiniger Gesellschafter dieser Unternehmen, die mit jeweils 50 000 Mark Stammkapital ausgestattet wurden, ist Reinhard Mühl selbst. Kurze Zeit vorher hatte Mühl die zuvor aus der Gundlach & Sülter AG in die Auffanggesellschaft G & S 5 übertragenen Vermögenswerte in die NetControlUnternehmensbeteiligungsgesellschaft mbH übertragen. Geschäftsführer und Hauptgesellschafter dieser Gesellschaft wurde Herr L., ehemals verantwortlich für das Controlling der über die Anlegergelder finanzierten Kabelgesellschaften und jetzt Mitarbeiter Mühls bei der Konkursabwicklung. Es dürfte wohl kaum ein Zufall sein, daß diese Gesellschaften zur gleichen Zeit gegründet wurden.

Zu den Konkursgewinnern gehört aber auch der ehemalige Gundlach & Sülter-Angestellte S., der noch kurz vor dem Zusammenbruch eine Sondervergütung ihn Höhe von 30 000 Mark zuzüglich Mehrwertsteuer erhielt. Er durfte das Geld behalten. Außerdem unterstützte Bernau ihn als Geschäftsführer der Direct-Sat Vertriebsgesellschaft mbH und stattete die hoch verschuldete Firma mit frischem Kapital aus.

Nicht zu den Verlierern des Gundlach & Sülter-Firmenzusammenbruchs gehören auch die Firmengründer Gundlach und Sülter, Ex-Vorstände, Ex-Geschäftsführer der Medienfonds, Ex-Aufsichtsräte etlicher Kabelgesellschaften und Aktionäre der Gundlach & Sülter AG. Sie brauchen sich nach den vom Konkursverwalter abgegebenen Erklärungen keine Sorgen zu machen, von den fast acht Millionen Mark, die sie aus der Gundlach & Sülter AG in kurzer Zeit vereinnahmt haben, etwas zurückzahlen zu müssen. Auch das Finanzamt Hannover Nord hat die beiden Herren ausgesprochen pfleglich behandelt. Die von den beiden Vorständen auf ihre Know-how-Vergütung nicht abgeführte Lohnsteuer hat das Finanzamt kurzerhand der in Konkurs gegangenen Firma in Rechnung gestellt, nicht etwa den Vorständen selbst. Von einer solch großzügigen Regelung träumt jeder Lohnsteuerzahler!

Hinsichtlich eventueller strafrechtlicher Ermittlungen brauchen die beiden ebenfalls keine allzu großen Befürchtungen zu hegen. Mühl, dessen Aussagen als vom Konkursgericht eingesetzter Konkursverwalter für die Staatsanwaltschaft hinsichtlich der strafrechtlichen Beurteilung von besonderer Bedeutung sein dürften, hat bereits im Dezember 1990 gegenüber der hannoverschen Bild-Zeitung erklärt: »Die strafrechtlichen Vorwürfe sind kaum haltbar«. Außerdem haben es die beiden mit Erfolg geschafft, die Strafverfolgungsbehörden zunächst von sich abzulenken. So gehen Gundlach und Sülter anderthalb Jahre nach dem spektakulären Zusammenbruch ihrer Firma ungehindert neuen »Geschäften« nach. Das Ehepaar Gundlach hat inzwischen eine neue Firma, untergebracht in repräsentativen Büroräumen in bester Lage Hannovers, gegründet. Ähnlich wie Dr. Bernau hat auch Gundlach sein Betätigungsfeld vor allem auf das Gebiet der ehemaligen DDR ausgedehnt.

Die Lebensgefährtin von Sülter hat kurz nach der Konkurseröffnung eine Firma »Comtel Media Gesellschaft für Telekommunikation mbH«, gegründet und im Handelsregister unter der Anschrift Luisenstraße 12, also dem früheren Firmensitz der Gundlach & Sülter AG bzw. ihrer Nachfolgegesellschaften, eingetragen. Als Geschäftsführerin und Hauptgesellschafterin hat die zuvor in untergeordneter Position beschäftigte ehemalige Gundlach & Sülter-Mitarbeiterin zunächst 30 000 Mark und am 16. Juli 1990 weitere 270 000 Mark auf das Firmenkonto als Gesellschaftskapital eingezahlt. Ein zweifelsohne bemerkenswerter Vorgang. Sülter selbst soll sich ebenfalls mit beachtlichem Erfolg in der ehemaligen DDR betätigen, unter anderem auf dem Gebiet der Verkabelung.

Doch damit nicht genug. Um ihre weiße Weste gegenüber der Öffentlichkeit zu demonstrieren, haben Gundlach und Sülter in zwei getrennt voneinander verfaßten Pressemitteilungen etlichen Redaktionen hannoverscher Tageszeitungen und dem NDR mitgeteilt, daß »sie sich als Opfer einer beispiellosen Rufmordkampagne der Presse gezwungen sehen, der Öffentlichkeit Zugang zu den wahren Hintergründen des Niederganges der Gundlach & Sülter AG zu verschaffen«. Verantwortlich für den Konkurs sei nämlich –

so die beiden Ex-Vorstände – ausschließlich der neue, branchenfremde Vorstand, der es nicht verstanden hätte, die aktuellen Liquiditätsprobleme zu lösen. Bei ihrem Ausscheiden (Ende Oktober 1989) habe sich das Unternehmen nicht einmal in Konkursnähe befunden. Für den Leser sei in Erinnerung gerufen, daß der Rechtsanwalt von Klaus Sülter, Dr. Dieckmann aus Hannover, bereits Mitte Oktober 1989 im »Auftrag seines Mandanten« in einem Brief an Dr. Bernau von der »Konkursreife« der Gundlach & Sülter AG gesprochen hat. Dr. Dieckmann selbst, der mir so dringlich nahegelegt hat, zu meinem eigenen Schutze keine Erklärung in der Öffentlichkeit ohne vorherige Abstimmung mit seinem Mandanten Sülter abzugeben, vertritt inzwischen Dr. Bernau und führte zwischenzeitlich die außergerichtlichen Vergleichsverhandlungen mit den Anlegergruppen.

Der »Erfinder« Neuberger, der sein Patent für 2 Millionen Mark an die Gundlach & Sülter AG verkauft hatte, muß den von ihm vorgeschlagenen Rückkauf zu einem sehr viel geringerem Preis mit Zustimmung des Konkursverwalters unter Dach und Fach gebracht haben. Der Firmensitz wurde jedenfalls bereits nach München verlegt.

Der Mitinitiator der drei Medienfonds und Großverdiener Egbert Nölken kann nicht nur hinsichtlich der abgewendeten Gefahr finanzieller Rückforderungen aufatmen, er braucht sich auch strafrechtlich scheinbar keine Sorgen zu machen. Im Dezember 1990 teilte Nölken der Presse mit: »Der Vorwurf unrichtiger Testierung des Jahresabschlusses 1986 der Gundlach & Sülter AG wird vom HDI nicht mehr aufrechterhalten. Auch der Vorwurf zur Beihilfe strafrechtlich relevanten Handelns wird nicht mehr aufrechterhalten.« Im übrigen beabsichtige er seinerseits, alle straf- und zivilrechtlichen Maßnahmen auszuschöpfen, um die verantwortlichen HDI-Prüfer zur Rechenschaft zu ziehen. Abgesehen von dieser vollmundigen Erklärung ist bis heute nichts weiteres an die Öffentlichkeit gedrungen.

Es ist schon bemerkenswert, daß diejenigen, die am meisten von dem ohne Frage raffiniert ausgetüftelten Geldkreislaufsystem profitiert haben, bislang nicht nur nicht zur Rechenschaft gezogen wurden, sondern auch noch in die Offensive gehen. Ausgerechnet

diejenigen, die selbst für sich nicht den geringsten Profit aus dem Unternehmen gezogen haben, aber gar nicht umhin konnten, die Unregelmäßigkeiten aufzudecken, sitzen jetzt auf der »Anklagebank«.
Kommen wir damit zu den Verlierern des Finanzskandals.

Nun zunächst einmal sind dies natürlich die Anleger, deren Geld zu einem Großteil in ökonomisch fragwürdige Projekte gelenkt wurde und dort versickert ist. Ob und wann und in welcher Höhe sie Schadensersatzleistungen erhalten, ist zur Zeit noch fraglich. Eines steht indes fest: Sie wurden mit klangvollen Namen und utopischen Renditeprognosen in ein waghalsiges Abenteuer gestürzt. Ihr Geld diente vor allem dazu, der Gundlach & Sülter AG und somit ihren Hintermännern Einnahmen zu verschaffen.

Verlierer sind aber auch alle Normalbürger, die brav und pünktlich ihre Steuern zahlen. Sie stehen letztlich dafür gerade, daß die Steuerausfälle in Millionenhöhe, die der Konkurs mit sich bringt, von anderer Seite kompensiert werden. Im vorliegenden Konkurs hat das zuständige Finanzamt seine Steuerforderungen allein gegen die Gundlach & Sülter AG mit rund sechs Millionen Mark beziffert. Hinzu kommen die Steuerausfälle in Millionenhöhe aufgrund der den Anlegern versprochenen Verlustzuweisungen auf ihre Kapitalbeteiligungen.

Der von mir dokumentierte Fall verdeutlicht, daß es immer wieder Mittel und Wege gibt, gutgemeinte Absichten des Gesetzgebers zu unterlaufen. Die mißbräuchliche Nutzung von Abschreibungsgesellschaften zum Vorteil einiger Abschreibungsprofis und zum Nachteil der Masse der Steuerzahler ist – wie der geschilderte Fall belegt – wieder einmal geglückt.

Aufgrund der den Anlegern erteilten steuerlichen Verlustzuweisungen sind ökonomisch unsinnige Projekte, wie etwa die Kabelgesellschaft Würzburg, mit öffentlichen Mitteln gefördert worden. Der Steuerzahler muß sich fragen, weshalb derartige Vorhaben, die vorrangig dazu dienen, einige Profitjäger reicher zu machen, auch noch aus öffentlichen Mitteln gefördert werden. Zur Anerkennung der Verluste seitens der Steuerbehörden teilte der Steuerberater Nölken den Anlegern der Medienfonds im Sommer 1990, ein halbes Jahr nach dem Gundlach & Sülter-Zusammenbruch, mit: »Es liegt keine ablehnende Entscheidung hinsichtlich der Verlustzuweisungen des Finanzamtes Hannover Nord vor. Die ursprüngliche Gewinnerzielungsabsicht kann nicht aberkannt werden.«

Auch ich gehöre zu den Verlierern. Der »attraktive« Fünfjahresvertrag, in dem ich eine Herausforderung und Chance sah, meine in Studium und fünfzehnjähriger Berufspraxis gewonnenen Erfahrungen einzusetzen und weiterzuentwickeln, bedeutete für mich das berufliche Aus in der Wirtschaft. Diese Erkenntnis war für mich viel schmerzlicher als die finanziellen Einbußen. Meine vielen vergeblichen Bemühungen um eine neue Aufgabe und die ständigen Ablehnungen, die daraus erwachsende Perspektivlosigkeit sind zweifelsohne für jeden, der arglos in eine solche Lage gerät, ein böser Alptraum.

Ich habe nach den langen Monaten, die mit vielen Enttäuschungen, Absagen und falschen Anschuldigungen verbunden waren, dennoch gelernt, mich mit meiner Lage zu arrangieren. Es stört mich jetzt nicht mehr so sehr wie zu Beginn, daß Manager, die ich seit Jahren gut kenne, mich meiden, daß frühere Vorgesetzte nichts mehr mit mir zu tun haben wollen, daß frühere Kollegen grundsätzlich keine Zeit haben, wenn ich sie zufällig auf der Straße treffe. Statt dessen freue ich mich um so mehr über die wenigen Menschen, die mich nicht im Stich gelassen haben, die mir immer wieder den Rücken gestärkt haben.

Ich ärgere mich nicht mehr über die Redakteure, die völlig unkritisch die Presseerklärungen, ich hätte Straftaten wie Untreue und Beleidigungen begangen und sei verantwortlich für den Finanzskandal, übernehmen, sondern freue mich über die Redakteure, die sich um eine faire Berichterstattung bemühen und sich nicht durch klangvolle Namen und Finanzstärke beeindrucken lassen.

Natürlich konnte ich nicht erwarten, von denjenigen, die als Vorstände, Aufsichtsräte und Berater eng in das Dickicht finanzieller Verflechtungen und Manipulationen verstrickt waren, auch nur halbwegs fair behandelt zu werden. Schließlich waren mir sogar Unannehmlichkeiten angekündigt worden, so daß auch fragwürdige Aktionen, wie z.B. das Durchsuchen meiner Haus-Mülltonne, mich nicht mehr aus der Fassung bringen können.

Doch hatte ich eine faire Behandlung zumindest von seiten der HDI-Manager erwartet. Ich rechnete einfach nicht damit, daß auch sie mich im Stich lassen und am Ende sogar noch mit den für den Finanzskandal unmittelbar Verantwortlichen an einem Strang ziehen würden. Zuletzt habe ich auf die Justiz gebaut, bislang ebenfalls vergeblich.

So haben letztlich Gewinnstreben, Skrupellosigkeit und Dickfelligkeit einen Sieg errungen. Dies war nur deshalb möglich, weil sich in den Chefetagen einer der größten deutschen Versicherungskonzerne Halbherzigkeit, Arroganz und die fehlende Bereitschaft, sich begangene Fehler einzugestehen und wieder gut zu machen, gegenüber der Glaubwürdigkeit und dem Verantwortungsgefühl durchgesetzt haben. Es war aber auch deshalb möglich, weil die zuständige Strafermittlungsbehörde zögerlich und unentschlossen auf die Vorkommnisse reagierte.

So bleibt für all diejenigen, die Monat für Monat ordnungsgemäß ihr Steuersoll erfüllen und sich an die bestehenden Gesetze halten, die Erkenntnis, daß Ehrlichkeit und Seriosität in wirtschaftlichen und finanziellen Angelegenheiten ein Privileg des Normalbürgers sind. Für großkalibrige, gutbetuchte Vertreter der Wirtschaft gelten hingegen ganz andere Spielregeln. Man muß nur eben die Fähigkeit und den Willen besitzen, sich diese Spielregeln zunutze zu machen.

Literaturhinweise

Helgesen, Sally: *Frauen führen anders. Vorteile eines neuen Führungsstils*, Frankfurt 1991

Joecks: *Praxis der steuerbegünstigten Kapitalanlagen* Bd XVII: *Der Kapitalanlagebetrug*, Köln 1987

Kapferer, Helmut: *Die Jagd nach Ihrem Geld*, Freiburg 1990

Müller-Gugenberger (Hg.): *Wirtschaftsstrafrecht*, Münster 1987

Richter, Horst-Eberhard: *Die hohe Kunst der Korruption*, Hamburg 1989

Träger, Lahmann, Mehler: *Macht und Magie der Public Relation*, München 1989

Werner/Machunsky: *Rechte und Ansprüche geschädigter Kapitalanleger*, Göttingen 1988